Teorias e práticas psicológicas aplicadas no contexto de seleção de executivos

Teorias e práticas psicológicas aplicadas no contexto de seleção de executivos

Renata da Rocha Campos Franco
e Lucila Moraes Cardoso (Orgs.)

© 2013 Casapsi Livraria e Editora Ltda.
É proibida a reprodução total ou parcial desta publicação, para qualquer finalidade, sem autorização por escrito dos editores.

1ª Edição	*2013*
Editor	*Ingo Bernd Güntert*
Gerente Editorial	*Fabio Alves Melo*
Coordenadora Editorial	*Marcela Roncalli*
Produção Editorial	*ERJ Composição Editorial*
Capa	*Casa de Ideias*

Dados Internacionais de Catalogação na Publicação (CIP)
Angélica Ilacqua CRB-8/7057

Teorias e práticas psicológicas aplicadas no contexto de seleção de executivos / organizado por Renata da Rocha Campos Franco, Lucila Moraes Cardoso. -- São Paulo : Casa do psicólogo, 2013.

ISBN 978-85-8040-134-9

1. Executivos - Recrutamento 2. Organização 3. Avaliação (Recursos Humanos) 4. Desenvolvimento de competências I. Franco, Renata da Rocha Campos II. Cardoso, Lucila Moraes

13-0302   CDD 658.311

Índices para catálogo sistemático:
Pessoal - recrutamento – aspectos psicológicos

Impresso no Brasil
Printed in Brazil

As opiniões expressas neste livro, bem como seu conteúdo, são de responsabilidade de seus autores, não necessariamente correspondendo ao ponto de vista da editora.

Reservados todos os direitos de publicação em língua portuguesa à

Casapsi Livraria e Editora Ltda.
Rua Simão Álvares, 1020
Pinheiros • CEP 05417-020
São Paulo/SP – Brasil
Tel. Fax: (11) 3034-3600
www.casadopsicologo.com.br

APRESENTAÇÃO

Observa-se um desenvolvimento da área organizacional, com a expansão cada vez maior de multinacionais que se instalam no Brasil, bem como de agências e consultorias de serviços terceirizados. Em paralelo, a área da Avaliação Psicológica também se desenvolveu nos últimos anos, aprimorando e reestruturando tanto os conceitos científicos quanto a prática do psicólogo que faz uso da Avaliação Psicológica. Duas importantes associações, ASBRO e IBAP, criadas respectivamente em 1993 e 1997, estão ajudando na divulgação e na formação dos psicólogos promovendo anualmente congressos, cursos, especializações e editando revistas científicas voltadas para temática da Avaliação Psicológica.

De um lado, há a área organizacional com ênfase na prática, apesar de muitas vezes negligenciar os avanços científicos, e, de outro lado, há a Avaliação Psicológica que se firma como ciência, embora (infelizmente) ainda esteja em um processo (crescente) de aceitação na prática de muitos psicólogos e não psicólogos que levianamente a criticam sem respaldo científico adequado. Dessa relação que muitas vezes é tida como dicotômica, há o casamento de "Romeu e Julieta", em que o contexto organizacional e a avaliação psicológica, os aspectos práticos e científicos da profissão unem-se.

Na busca de integrar os elementos práticos e científicos, o presente livro está organizado em dois blocos que conversam entre si. A primeira parte destina-se aos aspectos científicos e técnicos da Avaliação Psicológica para cargos executivos, e a segunda parte abordará experiências de sucesso no contexto organizacional.

O uso da Avaliação Psicológica no contexto organizacional não é recente. No entanto, no decorrer dos anos, essa área foi indiciada por problemas éticos, conforme aborda Rodolfo Ambiel e Vanessa Frigatto. Os autores dirigem-se a gestores não psicólogos sobre a ética na avaliação psicológica nas organizações. Neste capítulo, eles explicam os métodos e a finalidade da Avaliação Psicológica nas organizações, a tomada de decisão a respeito do candidato com base na Avaliação Psicológica, o acesso a informações técnicas por parte de não psicólogos e aspectos práticos de ética em Avaliação Psicológica para gestores não psicólogos.

No capítulo seguinte, Gisele Aparecida da Silva Alves, Ivan Sant´Ana Rabelo, Silvia Verônica Pacanaro e Irene F. Almeida de Sá Leme, integrantes do Departamento de Pesquisa e Produção de Testes da Editora Casa do Psicólogo, relatam pesquisas atuais sobre novas ferramentas que podem auxiliar a avaliação e a seleção de executivos de alto padrão, distinguindo as ferramentas para avaliação de habilidades específicas e as de avaliação da personalidade. O capítulo versa sobre alguns avanços e dilemas no uso de instrumentos de Avaliação Psicológica para seleção de cargos de gestão.

Complementando essa perspectiva teórica, Renata da Rocha Campos Franco aborda a Avaliação Psicológica em seleção profissional, também de cargos executivos, dando ênfase à utilidade dos instrumentos de avaliação da dinâmica de personalidade. A autora discute sobre o papel do psicólogo no subsistema de recrutamento e seleção e sobre a importância dos parâmetros psicométricos para os testes psicológicos.

Para finalizar a primeira parte, a psicóloga Graciela Vinocur discute sobre a avaliação de competências nas organizações e faz algumas considerações gerais sobre a entrevista de avaliação de competências, bem como de entrevista de incidente crítico, técnicas projetivas e neurociência.

A segunda parte, sobre as experiências de sucesso, foi organizada de modo a contemplar diferentes momentos da avaliação e desenvolvimento de competências de gestores executivos. Sara Isabel Behmer, que acumula títulos e premiações de reconhecimento como líder, menciona a dificuldade das empresas em identificar talentos e expõe como ela compreende os processos seletivos e as competências organizacionais, exemplificando com o processo da Consultoria de *Executive Search*, em que é diretora executiva

(CEO). Behmer apresenta alguns conceitos sobre liderança, defendendo que as mulheres possuem uma série de habilidades que as favorecem como líderes promissoras.

No relato seguinte, Roberto Vola-Luhrs, que possui um longo histórico de cargos gerenciais em multinacionais, retomou as expectativas e dificuldades das organizações encontrarem pessoas talentosas. Vola-Luhrs conversa com o leitor sobre as práticas de ter "talento", relacionando com o *INplancement* e o fato de que cultura e clima organizacional são diferentes, mas convergem e impactam no dia a dia da organização. O capítulo de Vola-Luhrs é um convite para relacionar a cultura cinematográfica e sofisticar a compreensão sobre os conceitos abordados.

Para complementar esses relatos, Ute Hesse, psicóloga e responsável pela EquoHesse, expõe sua vivência prática em equotreinamentos destinados a executivos. Hesse discute sobre a prática inovadora do uso do cavalo para desenvolver competências para o contexto coorporativo, apresentando o método do equotreinamento e citando aspectos práticos relacionados à competência interpessoal, dar e receber *feedback* e habilidade de comunicação.

Uma das qualidades deste livro é o fato de conseguir integrar experiências e pesquisas não só do Brasil, mas também da Argentina e Alemanha. Deste modo, contribui para compreensão da Avaliação Psicológica no contexto organizacional numa perspectiva mais globalizada, tal qual é o mundo empresarial hoje.

Espera-se que esse livro possa contribuir com práticas mais éticas e especializadas no uso da Avaliação Psicológica para recrutamento e seleção de gestores. Almeja-se também que essa obra seja um alavancador de novas publicações nesse campo, pois ainda hoje, mesmo com a globalização, nota-se uma carência na produção científica nesta área.

Lucila Moraes Cardoso e
Renata da Rocha Campos Franco

SUMÁRIO

PARTE I Aspectos Científicos e Técnicos da Avaliação
Psicológica de Cargos Executivos 13

Capítulo 1 Avaliação psicológica nas organizações: uma conversa
necessária sobre ética com gestores não psicólogos 15
Rodolfo A. M. Ambiel e Vanessa Frigatto

Legislação e formação profissional 17

Alguns princípios de conduta profissional 20

O acesso a informações psicológicas por não psicólogos 23

Conclusão 26

Referências 27

Capítulo 2 Avanços e dilemas da seleção de cargos de gestão:
emprego de ferramentas para avaliação 29
Gisele Aparecida da Silva Alves, Ivan Sant'Ana Rabelo,
Silvia Verônica Pacanaro e Irene F. Almeida de Sá Leme

Referências 46

Capítulo 3 O uso de testes psicológicos em seleção profissional 51
Renata da Rocha Campos Franco

O papel do psicólogo dentro do subsistema de
recrutamento e seleção 52

A importância dos parâmetros psicométricos
para os testes psicológicos 55

A utilidade dos instrumentos de personalidade
nos processos de seleção 59

Conclusão 65

Referências 69

Capítulo 4 As competências e suas formas de avaliar 73
Graciela Vinocur

Introdução 73
O que é uma competência? 76
As competências e as organizações 78
Avaliação das competências 82
Algumas considerações sobre a avaliação psicológica 84
Entrevista por eventos comportamentais – obtenção de evidências 87
Competências. Provas projetivas. Neurociências 89
Conclusão 93
Referências 95

PARTE II Experiências de Sucesso 97

Capítulo 5 Procura-se um executivo 99
Sara Isabel Behmer

Conceito de competências proposto por uma consultoria
especializada em recrutamento e seleção 101
Um executivo bem-sucedido 104
A mulher executiva 108
Conclusão 115
Referências 117

Capítulo 6 O que sobra é talento. Como os processos rigorosos de seleção podem garantir pessoas adequadas para as empresas? 119
Roberto Vola-Luhrs

Talento 120
INplacement 124
Cultura não é clima organizacional, mas converge e
impacta no dia a dia 128
Referências 134

Capítulo 7 Desenvolvimento pessoal com o cavalo: práticas
inovadoras para o contexto corporativo 135
Ute Hesse

De caçado a companheiro 139
Por que o cavalo? 142
Competências a serem desenvolvidas junto ao cavalo 147
O método do EquoTreinamento 153
Referências 160

Sobre os autores 163

PARTE I

Aspectos Científicos e Técnicos da
Avaliação Psicológica de Cargos Executivos

Capítulo 1

Avaliação psicológica nas organizações: uma conversa necessária sobre ética com gestores não psicólogos

Rodolfo A. M. Ambiel
Vanessa Frigatto

Há uma série de mitos a respeito da avaliação psicológica e de seus instrumentos que tendem a povoar o imaginário principalmente de pessoas que não têm formação em Psicologia, mas que, de alguma forma, fazem uso dos resultados das avaliações para tomarem decisões sobre outras pessoas e influenciarem diretamente em seus destinos. Mesmo entre os psicólogos, há concepções errôneas, equivocadas e discrepantes a respeito da forma de avaliar pessoas, não havendo um consenso na categoria sobre a prática mais adequada nesse processo. Portanto, pode-se entender tais mitos como mal-entendidos ou pontos pouco esclarecidos sobre esse campo específico da Psicologia, dificultando o diálogo entre psicólogos e demais profissionais, especialmente no que toca aos seus limites técnicos e éticos. Devido a essas condições, observa-se, especialmente no contexto organizacional, algumas situações em que os dados provindos da avaliação psicológica são utilizados de forma indevida.

Sobre as aplicações práticas da avaliação psicológica, pode-se citar basicamente duas modalidades. A primeira diz respeito ao seu uso clínico, no qual o psicólogo busca compreender a problemática trazida por seu cliente a fim de propor as formas mais adequadas de intervenção. A segunda aplicação da avaliação psicológica, diz respeito à seleção de pessoas em diferentes âmbitos, por exemplo, nos processos de requerimento da Carteira Nacional de Habilitação (CNH), de porte de armas, em concursos públicos e em processos seletivos para diferentes cargos dentro de empresas privadas de pequeno, médio e grande porte. Em ambas as modalidades, o objetivo final é obter e/ou fornecer subsídios para a tomada de decisão, contudo, a grande diferença reside em como se toma a decisão. Em situações clínicas é o próprio psicólogo quem decide sobre a pessoa avaliada, no sentido de definir as melhores intervenções que possam auxiliá-la a ter uma melhor qualidade de vida e apenas em algumas vezes o psicólogo precisará transmitir os resultados para outros profissionais, como educadores ou profissionais da saúde. No caso das avaliações seletivas, o objetivo é verificar se o avaliado apresenta determinadas características/competências ou condições psicológicas coerentes com as exigências da demanda, seja ela dirigir um carro, portar uma arma de fogo ou ocupar um cargo ou função. Contudo, esses resultados de avaliações psicológicas constituem-se como uma parte do processo que, em geral, conta com avaliações e opiniões de outros profissionais sendo que a decisão geralmente é tomada por um colegiado ou por uma pessoa que agrega os diferentes pareceres, chegando a uma conclusão.

É importante esclarecer que o processo de avaliação psicológica, uma prática exclusiva dos psicólogos, vai muito além da aplicação de testes. Pensando de uma forma integrada, deve-se compreendê-la como um processo que busca conhecer o funcionamento psicológico de uma pessoa, a partir de uma demanda ou encaminhamento específico. Por exemplo, uma escola pode encaminhar uma criança para um psicólogo a fim de compreender as dificuldades de aprendizagem apresentadas por ela em um determinado momento; um médico pode encaminhar um paciente que vai fazer uma cirurgia bariátrica para saber se ele apresenta condições psicológicas para suportar as mudanças radicais de hábitos em detrimento da cirurgia; uma empresa pode contratar uma consultoria para realizar a seleção de candidatos a uma vaga de gerente executivo, querendo saber qual dos candidatos se aproxima de um perfil ideal para o cargo em questão, considerando experiências anteriores, características de personalidade e habilidades cognitivas. Assim, em qualquer dessas situações, a testagem é apenas uma das estratégias disponíveis para compor uma avaliação psicológica, juntamente com entrevistas, observações, dinâmicas de grupos, provas situacionais, entre outras. Deve-se recordar ainda que qualquer processo somente acaba quando os resultados são devidamente informados para o solicitante e, necessariamente, também para a pessoa avaliada.

Dessa forma, o foco deste capítulo é refletir sobre questões éticas e técnicas da avaliação psicológica no contexto organizacional que se impõem na relação de psicólogos com gestores não psicólogos. Nesse sentido, serão abordadas questões sobre as leis e normas de conduta que regem a atuação dos psicólogos, intentando oferecer, em última instância, um texto de consulta para que os gestores possam compreender de forma integrada as atuações em avaliação psicológica. Vale lembrar que outras publicações já discorreram sobre a ética profissional dos psicólogos. Além do Código de Ética da categoria (CFP, 2005), que dá diretrizes para a atuação do profissional de forma geral, Wechsler (2011; 2005), Hutz (2009) e Anache e Reppold (2010) publicaram textos especificamente sobre avaliação psicológica, entretanto, sem abordar uma área específica, como é o objetivo deste capítulo.

Legislação e formação profissional

Quando se pensa nos tais mitos da avaliação psicológica, abordados no início do capítulo, certamente um dos mais visitados por não psicólogos é o dos testes psicológicos. O que, afinal, são eles? O que os psicólogos veem de tão enigmático nesses instrumentos que outros profissionais não podem ver? Será que funcionam mesmo? Por que há psicólogos que acreditam e outros que não acreditam neles? Alguns esclarecimentos devem ser feitos, portanto, buscando sanar essas questões e, para isso, se recorrerá à legislação vigente.

A psicologia é uma profissão relativamente recente no Brasil. A Lei 4.119, de 27 de agosto de 1962, data em que é comemorado anualmente o Dia do Psicólogo, reconheceu e regulamentou a psicologia como profissão no Brasil e a partir dessa lei os cursos de graduação começaram a ser estruturados. Entre outras coisas, essa lei garante que é função privativa dos psicólogos o uso de métodos e técnicas psicológicas, com o objetivo de realizar diagnóstico, por exemplo, para seleção profissional. Mais recentemente, as resoluções 02/2003 e 07/2003 do Conselho Federal de Psicologia (CFP) reafirmaram o que diz a lei, estabelecendo que os testes psicológicos, expoentes maiores dos métodos e técnicas de avaliação psicológica, são de uso privativo dos psicólogos. Ou seja, no fato de os testes serem usados apenas por psicólogos não há nada de secreto: é, simplesmente, uma questão de legislação.

Tal lei parte do princípio que os psicólogos recebem ao longo de sua graduação a formação necessária para manusear, aplicar, corrigir e transmitir as informações provindas desses materiais. Mas é importante sublinhar que isso nem sempre é verdadeiro, pois há testes de diferentes níveis de complexidade de aplicação, apuração e interpretação e é ingênuo e exagerado afirmar que todos os psicólogos saem com formação boa o suficiente para tanto. Se mesmo com uma formação de cinco anos não é possível fazer essa afirmação, o que dizer de pessoas que não tenham formação em psicologia? Mal comparando, pode ser perigoso deixar as finanças de uma empresa nas mãos de um psicólogo, ou um bisturi nas mãos de um advogado.

A par da questão da formação, nunca é demais lembrar que a avaliação psicológica é um processo científico, investigativo que busca responder questões específicas sobre o funcionamento psicológico de uma pessoa. Nesse processo, os testes psicológicos conferem o caráter científico ao processo e constituem-se como uma das ferramentas possíveis, ao lado de outras técnicas já comentadas.

Isso se dá porque para um teste psicológico chegar a ser comercializado e disponível para uso profissional, ele segue um longo percurso, desde sua construção ou adaptação. A resolução 02/2003 do Conselho Federal de Psicologia detalha que, para validação de um instrumento de avaliação psicológica, é necessária uma série de pesquisas científicas, com avançados recursos estatísticos, para que se ateste que aquele instrumento avalia o que se propõe avaliar de uma forma confiável e com todos os seus parâmetros de qualidade aprovados por uma comissão de especialistas.[1] Assim, é possível afirmar que não há absolutamente nada de mágico nos resultados de um teste, tampouco de místico: é apenas ciência!

Contudo, o fato dos testes tratarem-se de instrumentos com rigoroso embasamento científico não os torna livre de erros, sendo alguns por conta de um manuseio pouco cuidadoso por parte do profissional. Assim, é necessário que o psicólogo tenha total consciência das limitações e da abrangência do teste que está usando, pois isso permitirá que conclusões mais parcimoniosas, precisas e justas sejam tiradas. Essas limitações podem também estar relacionadas à abrangência e heterogeneidade da amostra, uso do teste com uma população ou em um contexto em que ele não foi estudado.

Um detalhe que importa ser realçado é que o uso de testes psicológicos aprovados pelo CFP, além de conferirem o aspecto científico ao processo de avaliação, podem conferir um importante aspecto de validade jurídica ao processo. Como afirmado no parágrafo anterior, mesmo que tenham suas características científicas endossadas, erros humanos podem ocorrer, assim como com qualquer outro profissional ao manusear seus instrumentos de trabalho. Entretanto, um levantamento feito por Anache e Reppold (2010) mostrou que quase a metade de todos os processos éticos apresentados ao CFP entre 1994 e 2003 eram referentes à avaliação psicológica, sendo que, entre 2006 e 2008, 43% dos processos relativos à esse tema diziam respeito ao uso de instrumentos inapropriados. Como têm sido divulgado pela imprensa (basta fazer uma rápida consulta na internet), inúmeros processos judiciais têm

---

[1] Para maiores informações, acesse www2.pol.org.br/satepsi.

sido impetrados por pessoas que se sentem lesadas pelo caráter eliminatório da avaliação psicológica em muitos concursos públicos e processos seletivos. Assim, embora o uso de instrumentos com valor e validade científica para uma avaliação abalizada seja de antemão um argumento ético forte o suficiente para o investimento na opção por este tipo de instrumental, o fato de serem instrumentos chancelados por um conselho de classe, uma autarquia federal, devidamente instituído e amparado por leis é um respaldo importante para conferir também amparo legal às decisões tomadas.

Nesta seção, buscou-se situar a condição dos testes psicológicos enquanto instrumentos de uso exclusivo dos psicólogos, ressaltando os caráteres legal e científico dessa condição em detrimento a quaisquer. A seguir, é apresentada uma reflexão sobre alguns princípios que devem ser norteadores das avaliações psicológicas em organizações, sendo que para seu amplo cumprimento, o envolvimento de todos os participantes é essencial.

Alguns princípios de conduta profissional

No entanto, ao realizar uma avaliação psicológica, deve-se considerar também, além dos aspectos de proteção ao profissional e à empresa do ponto de vista legal, as consequências que o processo trará para a pessoa que está sendo avaliada. Nas organizações, o simples fato da pessoa ser chamada para se submeter a um processo seletivo (se é que há algo de simples nisso) tende a mobilizar expectativas, bem como mudanças na sua rotina diária, sem que haja obviamente uma garantia de que será escolhida para o preenchimento da vaga e esse é o preço que se paga pela oportunidade.

Contudo, há três princípios básicos que devem ser levados em conta em processos de avaliação psicológica que foram estabelecidos num documento denominado *Belmont Report* (1979) e comentados por Hutz (2009). Originalmente, tal documento não versava especificamente sobre avaliação, tampouco sobre psicologia, mas sobre procedimentos científicos com seres humanos de forma geral. No texto de Hutz (2009) encontram-se reflexões sobre a utilização de tais preceitos na pesquisa psicológica e na prática da avaliação, sendo que neste texto a reflexão tratará especificamente do contexto da avaliação organizacional.

O primeiro princípio é denominado *beneficiência e não maleficiência* e, basicamente, diz que qualquer ação de avaliação psicológica deve trazer algum benefício, ainda que indireto, para o avaliado e minimizar os malefícios que o processo possa causar. Por benefício, podemos entender qualquer ação que proporcione ou ajude o bem-estar ou a qualidade de vida para o avaliando. Por exemplo, promover o autoconhecimento, dar *feedbacks* compreensivos, oferecer reflexões que possam ser úteis para o desenvolvimento da carreira do candidato ou encaminhar para um serviço de saúde, no caso de identificação de algum indício de funcionamento atípico. Alguns danos que podem ocorrer no contexto de uma avaliação psicológica para seleção é que o processo exponha a intimidade da pessoa desnecessariamente ou que a expectativa gerada pela situação da avaliação não seja contida de forma adequada, causando ainda mais ansiedade. Além disso, avaliações realizadas com instrumentos ou técnicas inadequadas ou de maneira equivocada também podem ser muito danosas para o avaliado.

O segundo princípio é do *respeito* à pessoa avaliada. Ele envolve a ideia de que, durante uma avaliação, os direitos e a vontade da pessoa devem ser respeitados integralmente. Isso implica que, antes de ser submetida à avaliação, a pessoa deve ter todas as informações possíveis sobre o processo para poder decidir de forma consciente a respeito de sua participação ou não. Considerando que, em geral, as avaliações psicológicas fazem parte do processo seletivo, tendo em muitas situações caráter eliminatório, fica claro que a eventual opção de alguém pela não participação no processo automaticamente o desqualificaria para a continuidade. Entretanto, isso não deve ser justificativa para a realização de ações desrespeitosas e impositivas de práticas que se valham da vulnerabilidade da pessoa que está sendo submetida, com expectativas altas em relação à avaliação e seus resultados, para obter benefícios ou ganhos pessoais ou institucionais ou sob o pretexto de que tais ações fazem parte do processo.

Dessa forma, é necessário que se considere as características das pessoas que estão sendo avaliadas para que as conclusões sejam válidas e as decisões tenham uma probabilidade maior de serem acertadas. A esse respeito versa o terceiro princípio, que é o da *justiça*: a todos os participantes, e da igualdade de condições que deve ser garantida. Vários testes psicológicos, utilizados comumente em avaliações de seleção, apresentam formas diferentes de correção e interpretação para pessoas com determinadas características, que podem ser sexo, faixa etária, nível de escolaridade, entre outras. Essas diferenças são estabelecidas a partir de estudos científicos, baseados em técnicas estatísticas, que indicam que um grupo tende a apresentar um traço ou uma habilidade em maior intensidade do que outro grupo. Por exemplo, a Bateria de Provas de Raciocínio (BPR-5) (Almeida & Primi, 1998) é oferecida em duas formas, uma para pessoas cursando ou com ensino fundamental completo (forma A) e outra para pessoas cursando ou com o ensino médio completo (forma B). Isso foi necessário porque os autores encontraram dados informando sobre o diferente desempenho das pessoas desses grupos nas provas de raciocínio que compõem a bateria. Assim, já tendo essa informação de antemão, não seria justo para uma pessoa que tenha estudado somente até o ensino fundamental responder à forma B da BPR-5, pois estaria se envolvendo em tarefas nas quais pessoas com educação semelhante à sua em geral não têm tanta habilidade e teria seu desempenho comparado com pessoas que provavelmente conseguem desempenhar a tarefa em questão com maior facilidade. Uma questão prática que surge dessa situação é: a decisão tomada a partir de uma avaliação assim seria justa ou mesmo válida e confiável? Não é difícil de concluir que não, configurando-se como uma prática injusta para com o avaliando e nada eficaz para a empresa.

Assim, neste tópico, buscou-se discutir algumas diretrizes para condutas adequadas dos profissionais envolvidos no contexto da avaliação psicológica organizacional. No próximo, serão abordados os aspectos relativos às formas utilizadas para relatar os resultados de avaliações psicológicas, bem como os cuidados para a sua interpretação, manuseio e arquivamento.

O acesso a informações psicológicas por não psicólogos

O conhecimento psicológico, assim como outros conhecimentos científicos, principalmente das ciências humanas e sociais, surge e é aprimorado a partir de indagações, conhecimentos e das experiências populares, do chamado senso comum. Além disso, por mais que as descrições dos fenômenos psicológicos oferecidas pelas teorias sejam técnicas, todas as pessoas apresentam a maioria das características psicológicas em alguma medida, nível ou grau. Junto a isso, não é incomum encontrar os ditos livros de autoajuda alocados junto a livros técnicos de psicologia em prateleiras de grandes livrarias, distribuindo conhecimentos pseudopsicológicos e pseudocientíficos – e, em geral, esses livros são lançados com vocação para serem *best sellers*. Esses e outros tantos fatores parecem contribuir para que os conhecimentos psicológicos possam ser percebidos em alguns momentos como de domínio comum, não especializados, de forma semelhante ao que cada vez mais ocorre com a medicina, tendo, por exemplo, a automedicação como uma de suas consequências mais trágicas.

A esse respeito é importante esclarecer que os psicólogos procuram seguir abordagens teóricas (tais como comportamental, cognitiva, psicanálise, humanista), algumas mais testadas e validadas empiricamente do que outras, mas a maioria com um importante e consistente corpo teórico. Isso é uma premissa ensinada desde os primeiros dias da graduação e é a visão de mundo proporcionada ou abrangida por essas teorias que guia as observações e conclusões dos psicólogos quando do processo de avaliação. Da mesma forma, um dos requisitos básicos para que um teste psicológico seja considerado apto para uso profissional é que ele apresente uma fundamentação teórica delimitando o alcance das observações que podem ser feitas a partir de seus resultados.

Outra premissa básica da atuação do psicólogo, em qualquer contexto ou área de atuação, que pode ser considerada como a regra de ouro da atuação profissional, é a questão do sigilo. No Código de Ética Profissional do Psicólogo (CFP, 2005) o sigilo aparece em três artigos, que versam sobre a responsabilidade de proteger a intimidade das pessoas, grupos ou organizações; a prestação de informações decorrentes dos atendimentos; e sobre a relação com outros profissionais não psicólogos. Relativo a tal relação, que é o objetivo deste capítulo, o artigo 6º é bastante claro ao informar que "o psicólogo, no relacionamento com profissionais não psicólogos [...] compartilhará somente informações relevantes para qualificar o serviço prestado, resguardando o caráter confidencial das comunicações, assinalando a responsabilidade, de quem as receber, de preservar o sigilo".

Duas considerações podem ser feitas a esse respeito. Em primeiro lugar, deve-se restringir a informação apenas ao que for relevante para a avaliação solicitada. Inevitavelmente, quando ocorre um encontro entre um psicólogo e um cliente, em qualquer situação, é praxe que o profissional crie um clima confortável, de confiança, favorável para uma proximidade que propicie certa abertura por parte do cliente. Isso é essencial ao trabalho do psicólogo, pois, ainda que se trate de uma avaliação pontual, o estabelecimento de uma boa relação é essencial para a boa fluidez da situação avaliativa. Assim, não é raro que a pessoa avaliada traga questões particulares, familiares, buscando algum apoio e atenção do profissional que o recebe. Mas deve-se questionar: essas informações são estritamente necessárias para a tomada de decisão? Estão no bojo de questionamentos específicos que o solicitante da avaliação necessita? Poderão expor indevida e desnecessariamente a pessoa avaliada? Essas questões devem guiar o psicólogo ao relatar os resultados de sua avaliação e devem ser respeitadas por outros profissionais no momento do relato.

Em segundo lugar, o psicólogo deverá compartilhar a responsabilidade pelo sigilo e confidencialidade das informações com os outros profissionais que farão uso dos resultados da avaliação. É urgente assinalar que relatórios ou laudos psicológicos não são notícias, romances, contos ou novelas: eles retratam o que as pessoas têm de mais íntimo e particular, e não devem, em hipótese nenhuma, ser alvo de conversas fora do contexto da tomada de decisão. Além disso, sugere-se que esse tipo de documento não seja enviado por email, uma vez que, no meio virtual, a proliferação, manipulação e duplicação de arquivos podem ser muito rápidas e fáceis. Embora essas ideias pareçam óbvias, não são raros os relatos de psicólogos organizacionais ou de estudantes estagiários da área acerca de exposição de relatos de candidatos em processos seletivos de forma pejorativa e até mesmo jocosa. Portanto, é importante ressaltar a corresponsabilidade de todos os envolvidos no processo avaliativo e de tomada de decisão a respeito do sigilo e confidencialidade dos dados e informações da pessoa avaliada.

Por se tratar de comunicação formal, o relato de resultados do processo de avaliação psicológica em geral é feito por meio de documentos escritos. Para organizar e normatizar a ação dos psicólogos nesse quesito, o CFP instituiu em 2003 o Manual de Elaboração de Documentos Escritos produzidos pelo psicólogo, decorrentes de avaliação psicológica, por meio da Resolução 07/2003. Nesse texto, são encontradas descrições detalhadas a respeito dos principais documentos utilizados nesse contexto, que são a Declaração, o Atestado, o Relatório ou laudo e o Parecer, cada um com uma estrutura e finalidade próprias, variando em nível de complexidade.

No texto da referida resolução, que pode ser acessada livremente na internet, lê-se que ela foi necessária para sanar uma deficiência de referências a respeito da confecção de documentos, visando a diminuir a frequência de representações éticas apresentadas contra psicólogos por conta de prestações de informações inadequadas sobre os processos de avaliação psicológica. Que não são poucas: Frizzo (2004) e Anache e Reppold (2010) referem que em torno de 50% dos processos éticos movidos contra psicólogos são relativos a serviços de avaliação psicológica. Esse dado, além de evidenciar a visibilidade social da área, mostra também que os gestores devem ficar atentos à qualidade do trabalho que os psicólogos prestam em nome das empresas nas quais trabalham. Nunca é demais lembrar que, no exercício do trabalho, os profissionais falam por suas empresas.

Conclusão

Neste capítulo, buscou-se fornecer um texto para reflexão e prática da avaliação psicológica nas organizações, com um foco informativo no sentido de instrumentalizar gestores que não tenham formação em psicologia para a compreensão de algumas questões éticas envolvidas. Possivelmente, este texto será também fonte de reflexões até mesmo para psicólogos organizacionais, uma vez que não se encontrou (numa busca não sistemática) outros textos que tratassem da ética especificamente no âmbito das empresas.

A ideia do presente capítulo surgiu a partir das experiências dos autores, tanto na área organizacional quanto na docência, nas quais alguns incômodos eram frequentemente percebidos e relatados, especialmente no que toca à queixas de incompreensão do trabalho do psicólogo por pessoas com outras formações. Com isso, as informações aqui discutidas se estruturaram nesse contexto, motivo pelo qual não se espera esgotar todas as possibilidades de discussões éticas sobre o assunto, mas apenas fomentar a discussão e fornecer um texto acessível para que a comunidade organizacional de forma geral possa tomar contato e fazer uso prático. Assim, inspirando-se no princípio da beneficência e da não maleficência, espera-se que o presente capítulo possa contribuir, ainda que indiretamente, para uma melhora dos processos seletivos em empresas, compreendendo que psicólogos não fazem seu trabalho de forma isolada: ao contrário, estão constantemente em relação com diversos profissionais.

Referências

Almeida, L. S., & Primi, R. (1998). *Baterias de Provas de Raciocínio – BPR-5*. São Paulo: Casa do Psicólogo.

Anache, A. A., & Reppold, C. T. (2010). Avaliação psicológica: implicações éticas. In A. A. A. Santos et al. (Orgs.). *Avaliação psicológica: diretrizes na regulamentação da profissão*. Brasília: Conselho Federal de Psicologia.

Belmont Report (1979). Ethical principles and guidelines for the protection of human subjects of research. The National Commission for the Protection of Human subjects of Biomedical and Behavioral Research. Recuperado em 15 de fevereiro de 2011, de http://www.fda.gov/oc/ohrt/IRBS/belmont.html.

Frizzo, N. P. (2004). *Infrações éticas, formação e exercício profissional em Psicologia*. Dissertação de Mestrado, Programa de Pós-Graduação em Psicologia, Centro de Filosofia e Ciências Humanas, Universidade Federal de Santa Catarina, Florianópolis.

Hutz, C. S. (2009). Ética na Avaliação Psicológica. In C. S. Hutz (Org.). *Avanços e polêmicas em avaliação psicológica*. São Paulo: Casa do Psicólogo.

Resolução CFP n° 007/2003. (2003). Recuperado em 23 de fevereiro de 2011, de http://www.pol.org.br/pol/export/sites/default/pol/legislacao/legislacaoDocumentos/resolucao2003_7.pdf.

Resolução CFP n° 002/2003. (2003). Brasília, DF. Recuperado em 21 de julho de 2010, de http://www.pol.org.br/pol/export/sites/default/pol/legislacao/legislacaoDocumentos/resolucao2003_02.pdf.

Resolução CFP n° 010/05. (2005, 21 de julho). Aprova o Código de Ética Profissional do Psicólogo. Brasília, DF: Conselho Federal de Psicologia. Recuperado em 21 de julho de 2010, de http://www.pol.org.br/pol/export/sites/default/pol/legislacao/legislacaoDocumentos/resolucao2005_10.pdf.

Wechsler, S. M. (2001). Princípios éticos e deontológicos na avaliação psicológica. In L. Pasquali (Org.). *Técnicas de Exame Psicológico – TEP* (Vol. 1: Fundamentos das técnicas psicológicas, pp. 171-193). São Paulo: Casa do Psicólogo, Conselho Federal de Psicologia.

Wechsler, S. M. (2005). Guia de procedimentos éticos para a avaliação psicológica. In S. M. Wechsler, & R. S. L. Guzzo (Orgs.). *Avaliação Psicológica: perspectiva internacional*. 2. ed. São Paulo: Casa do Psicólogo.

Capítulo 2

Avanços e dilemas da seleção de cargos de gestão: emprego de ferramentas para avaliação

Gisele Aparecida da Silva Alves
Ivan Sant´Ana Rabelo
Silvia Verônica Pacanaro
Irene F. Almeida de Sá Leme

A avaliação psicológica pode ser definida como a busca sistemática de conhecimento a respeito do funcionamento psicológico em situações específicas, que possa ser útil para orientar ações e decisões futuras. Dessa forma, a avaliação psicológica refere-se a um processo de busca de dados, agrupando diferentes informações com três objetivos principais: conhecer os sujeitos, identificar o problema e programar intervenções (Primi, 2005).

A investigação de aspectos psicológicos dos indivíduos é realizada em diversos contextos, sendo de muita utilidade na área organizacional. No Brasil, apesar de serem muitos os testes e instrumentos utilizados nas organizações, especificamente em processo de seleção de pessoal, são poucas as iniciativas com estudos das qualidades psicométricas desses instrumentos, buscando evidências de validade e fidedignidade desses testes. Validade, de acordo com o *Standards for Educational and Psychological Testing* (American Educational

Research Association, American Psychological Association and National Council for Measurement in Education, 1999), corresponde a proporção em que evidências e teoria dão suporte às interpretações dos escores oriundos dos testes, vinculadas ao uso proposto por tais instrumentos e, fidedignidade a quão bem ele faz isso, sendo este último parâmetro relativo ao erro de medida (Baumgartl & Primi, 2006).

A eficácia dos instrumentos utilizados no processo de avaliação psicológica está diretamente ligada à quantidade e qualidade de informações, oriundas de pesquisas científicas acumuladas, relacionadas à interpretação dos resultados destes instrumentos. Reforça-se aqui, portanto, a importância de se estudar e discutir a avaliação psicológica no contexto organizacional, pela relevância da utilização de técnicas de maneira adequada, evitando erros na contratação, injustiças com o candidato, colocação de profissionais vulneráveis a transtornos psiquiátricos que podem ser desencadeados em função da grande exposição ao estresse ou frustrações relativas ao cargo, possibilidades de treinamentos, entre outros (Pereira, Primi & Côbero, 2003; Primi, 2005; Baumgartl, & Primi, 2006).

Sabe-se haver uso indiscriminado de testes sem características psicométricas adequadas ao contexto organizacional, apesar dos esforços no desenvolvimento de instrumentos e aumento de pesquisas nas últimas duas décadas. A Resolução do Conselho Federal de Psicologa (CFP) nº 002/2003 objetivou definir e regulamentar o uso, a elaboração e a comercialização de testes psicológicos. Dessa forma, torna públicos os requisitos mínimos e obrigatórios que os instrumentos devem possuir para que sejam reconhecidos como testes psicológicos e possam ser utilizados pelos psicólogos. Assim, o Sistema de Avaliação dos Testes Psicológicos (SATEPSI) reúne as principais informações referentes ao assunto, sendo possível consultar os testes submetidos e que ainda estão em fase de avaliação pela comissão consultiva do CFP, os que já receberam pareceres favoráveis e, portanto, estão em condições de serem comercializados e utilizados pelos psicólogos e também aqueles que obtiveram pareceres desfavoráveis, dentre outras informações.

Os testes, instrumentos e técnicas em avaliação psicológica têm longa tradição no contexto da Psicologia organizacional e do trabalho e exerce importante papel não apenas na área de treinamento e desenvolvimento, mas também na área de seleção de pessoal. No primeiro caso, a ênfase está no potencial e no desempenho de pessoas que já são membros da organização, para que as possibilidades de elas serem mais bem aproveitadas internamente sejam verificadas, enquanto, no segundo, o foco da avaliação é investigar o potencial de futuros candidatos a uma vaga ou emprego (Ferreira & Santos, 2010).

Segundo os autores, o processo de seleção de pessoal permite identificar os candidatos mais apropriados a ocupar determinada vaga, devido ao fato de apresentarem as características consideradas mais adequadas ao seu desempenho como, por exemplo, conhecimentos, habilidades, competências e traços de personalidade. Dessa forma, ele distingue-se por um procedimento de inferência e tomada de decisão. Na seleção de cargos de níveis hierárquicos mais altos, como cargos de direção ou de gestão, por exemplo, um pequeno número de candidatos é avaliado, individualmente ou em pequenos grupos, quanto à sua adequação ao perfil exigido para o cargo. Isto possibilita um tempo maior que pode ser empregado na avaliação deste candidato, fazendo com que o processo de avaliação psicológica seja mais legítimo.

Em avaliações de executivos e de candidatos a cargos de níveis hierárquicos mais altos, um dos construtos frequentemente avaliados, pela natureza dos cargos, é a liderança. No Brasil, há escassez de instrumentos que avaliam o construto de forma direta. Serão apresentados a seguir, procedimentos e técnicas de avaliação psicológica e instrumentos comumente utilizados no Brasil, especificamente no contexto organizacional, que têm como objetivo otimizar futuras contratações por meio de *Realistic Job Previews* (RJPs), avaliar habilidades cognitivas (habilidades específicas) e traços de personalidade que podem estar relacionados a características desejáveis em um líder, bem como um instrumento que avalia liderança situacional e novidades que estarão disponíveis em breve para se avaliar o mesmo construto, sendo a abordagem de liderança situacional considerada como mais adequada, por permitir ao líder flexibilidade frente às contingências (Cavalcanti, 2002).

Entre as facetas do processo de avaliação, as 'Entrevistas' são definidas por Ferreira e Santos (2010) como instrumentos que podem possuir vários formatos e objetivos distintos e serem utilizados em diversos contextos. Ainda segundo as mesmas autoras, o objetivo da utilização desse recurso no processo de seleção de pessoal é a obtenção de informações adicionais a respeito das competências dos candidatos a determinado cargo, identificando aqueles mais aptos.

Na literatura são encontrados vários tipos de entrevistas e as nomenclaturas mais aceitas e utilizadas pela comunidade científica são entrevista estruturada, semiestruturada, e não estruturada (Manzini, 2004). As entrevistas estruturadas, também conhecidas como diretivas ou fechadas, possuem questões previamente planejadas e baseadas nas especificidades do cargo. As entrevistas semiestruturadas, ou semidiretivas e semiabertas, consistem em uma coleta de informações por meio de perguntas previamente planejadas, mas que permitem a inclusão de novos questionamentos a partir da necessidade verificada no momento da entrevista. Por fim, as entrevistas não estruturadas, ou abertas e não diretivas, consistem em um recurso menos rígido e, portanto, mais flexível de questionamentos pensados de forma mais inferencial no que se refere aos requisitos para o cargo (Gressler, 2004).

A entrevista pode então se tornar ferramenta muito apropriada para uma das facetas deste processo, possibilitando consultar informações não oriundas de outras fontes como dinâmicas e testes, permitindo assim o conhecimento de aspectos importantíssimos no processo de contratação, tais como, a experiência técnica do indivíduo, inclinações e capacidades importantes para a realização das tarefas vinculadas ao cargo, história pessoal e pregressa, contexto profissional atual do entrevistado, percepção de características como planejamento do pensamento, clareza de raciocínio, relacionamento interpessoal, ambição, comunicação verbal e não verbal, postura, motivação, nível de ansiedade e expectativas futuras. Além dessas, há outras informações importantíssimas que normalmente não estão presentes nos currículos, mas que são essenciais no processo avaliativo, quais sejam o motivo de saída de outros empregos, pretensão salarial e expectativas do cargo a desenvolver dentro desta empresa que está contratando (Ramos, 2005).

É indispensável que o entrevistador tenha um amplo conhecimento da organização e suas estratégias, as características da área em que o profissional irá atuar, as responsabilidades e tarefas do cargo, estilo de gestão, características do grupo no qual será inserido e demais pré-requisitos. Enganos e ausência de conhecimento de tais informações podem prejudicar diretamente o resultado da entrevista para o processo avaliativo.

Com relação à avaliação de habilidades específicas, citaremos aqui quatro instrumentos, sendo um deles uma bateria que avalia diversos tipos de raciocínio, a saber: verbal, numérico, mecânico, espacial e abstrato; e outros três instrumentos que avaliam tipos de atenção, quais sejam, concentrada, dividida e alternada. O instrumento BPR-5 – Bateria de Provas de Raciocínio (Almeida & Primi, 1998) consiste em cinco provas que oferecem estimativas do funcionamento cognitivo geral e das habilidades do indivíduo em cinco áreas específicas: Raciocínio Abstrato (RA), Verbal (RV), Espacial (RE), Numérico (RN) e Mecânico (RM).

A BPR-5 pode ser administrada individual e/ou coletivamente em sujeitos com escolaridades de 6ª à 8ª séries do Ensino Fundamental, para a Forma A e Ensino Médio e Superior na Forma B. Novos estudos estão possibilitando a elaboração de tabelas para escolaridades mais avançadas, contudo, devido ao nível de dificuldade do instrumento, a versão de ensino médio já se mostra como um bom prognóstico da capacidade em raciocínio de indivíduos com escolaridades elevadas. O tempo de aplicação leva aproximadamente uma hora e quarenta minutos. No que se refere aos estudos psicométricos, a padronização foi realizada com amostras brasileiras e portuguesas. O estudo de precisão foi realizado com 1.243 estudantes matriculados em escolas do Brasil e de Portugal. Verificou-se que os itens apresentavam boa variância e correlacionavam-se com o escore total.

Quanto aos estudos de Validade da BPR-5, a consistência interna foi verificada e os coeficientes de correlação Tetracórica

(Alfa II) variaram de 0,75 a 0,94. Ao lado disso, foi realizado estudo de análise fatorial da matriz de correlação entre os subtestes para verificar a hipótese de que as diferentes provas estão medindo, por meio de conteúdos diferentes, uma única dimensão cognitiva e as expectativas foram confirmadas. Também foram coletadas notas escolares de parte da amostra confirmando a validade da prova em prever desempenho acadêmico.

O Teste de Atenção Concentrada – TEACO-FF (Rueda & Sisto, 2009) avalia a capacidade do indivíduo selecionar, em um tempo pré-determinado, apenas uma fonte de informação dentre outros diversos estímulos distratores. O manual do instrumento possui normas adequadas para pessoas que procuram a avaliação psicológica pericial para CNH e para a população geral. Portanto, o TEACO-FF também pode ser utilizado nas áreas de recrutamento e seleção; avaliação para porte de arma e outras em que se pretenda avaliar a atenção concentrada.

No que se refere ao público-alvo, o TEACO-FF pode ser aplicado em indivíduos com idades de 18 a 61 anos e escolaridade a partir do Ensino Fundamental incompleto. A aplicação pode ocorrer de forma individual ou coletiva e o tempo de aplicação não excede dez minutos. Quanto aos estudos das qualidades psicométricas do TEACO-FF, foram participantes da pesquisa 1.058 pessoas dos estados da Bahia e de Sergipe, nordeste do Brasil. Entre os diversos estudos psicométricos com o instrumento, destacam-se as evidências de validade convergente como o Teste de Atenção Concentrada (AC), evidências de validade concorrente com os testes, Teste de Atenção Sustentada (AS), Teste de Atenção Dividida (AD), Teste Conciso de Raciocínio (TCR), Teste Pictórico de Memória (TEPIC-M) e Escala de Vulnerabilidade ao Estresse no Trabalho (EVENT), assim como análise dos itens pelo Modelo de Rasch.

Investigar o aspecto atenção no processo de seleção se justifica, pois problemas relacionados à atenção concentrada podem exigir do profissional um esforço maior a ponto de tornar mais fatigante seu desempenho. Além disso, em cargos estratégicos e gerenciais, em que o colaborador tem que se manter por uma longa jornada diária de trabalho atento a atividades específicas, tomada de decisões de grande impacto, acompanhamento do mercado, novas mídias e tecnologias, exigindo em muitas destas atividades planejamento e solução de problemas complexos, a atenção é parte fundamental deste conjunto de processos cognitivos (Linden et al., 2005).

No mundo corporativo, além da capacidade de se concentrar em um único alvo mediante estímulos diversos, os executivos, gestores e demais colaboradores necessitam apresentar habilidades de manipularem mais de uma tarefa ao mesmo tempo. Meewisse et al. (2005) explicam que os processos atencionais são alicerces para o processamento da informação e pré-requisito fundamental para um funcionamento apropriado do indivíduo em suas práticas dentro do ambiente organizacional, assim como para as atividades cotidianas.

A esse respeito, o Teste de Atenção Dividida – TEADI (Rueda, 2010) fornece uma medida referente à capacidade da pessoa dividir a atenção, ou seja, a capacidade do indivíduo para procurar mais de dois estímulos simultaneamente. Ao procurar os estímulos alvos, o sujeito deverá desconsiderar os estímulos distratores. Por sua vez, o Teste de Atenção Alternada – TEALT (Rueda, 2010) avalia o quanto o indivíduo é capaz de focar a atenção ora em um estímulo, ora em outro, ou seja, a capacidade de alternar a atenção. No TEALT, assim como no TEADI, ao procurar os estímulos alvos o sujeito deverá desconsiderar os estímulos distratores.

No que se refere ao público-alvo, tanto o TEADI como o TEALT podem ser aplicados em indivíduos com idades de 18 a 72 anos e escolaridade a partir do Ensino Fundamental incompleto. A aplicação pode ser de forma individual ou coletiva e o tempo de aplicação não excede dez minutos. Foram realizados estudos de busca por evidências de validade de construto dos instrumentos pela diferenciação das idades, busca por evidências de validade de critério em relação a diversas variáveis, quais sejam a escolaridade, com o Teste de Atenção Dividida (AD), Teste de Atenção Sustentada (AS), Teste de Atenção Concentrada – FF (TEACO-FF), Teste de Atenção Concentrada (AC), Teste Não Verbal de Inteligência (R1) e Teste Não Verbal de Inteligência (R1) Forma B. A coleta de dados foi realizada com pessoas que procuraram a avaliação psicológica para obtenção, renovação, adição ou mudança de categoria da Carteira Nacional de Habilitação, com escolaridade variada, assim como em estudantes universitários.

Santos (2009), em sua tese de doutorado intitulada "Avaliação da personalidade de gerentes de alto desempenho por meio do método de Rorschach", objetivou avaliar sujeitos considerados altamente competentes, exitosos em seus papéis e, deste modo, com elevado desempenho na área de chefia, na tentativa de tratar a questão da *expertise* no ambiente organizacional. Segundo a autora, para se compreender o sucesso gerencial é necessário perceber que o alto desempenho está para além do aprendizado nos bancos acadêmicos e do contexto, mas, acima de tudo, da associação de alguns fatores, entre eles, características de personalidade consideradas facilitadoras da performance elevada.

A autora destaca que estudos empíricos encontrados, desenvolvidos durante as últimas décadas, relatam que o jeito de ser do gerente gera um forte impacto no desenvolvimento do trabalho dos subordinados e nos resultados que a empresa aufere, ou seja, que as características de personalidade do gerente interferem no andamento do negócio como um todo. Nessa conjuntura, tornou-se necessário compreender em profundidade o funcionamento do indivíduo que ocupa função gerencial e que tem alto desempenho, investigando sua formação geral, suas preferências, suas características de personalidade que possam favorecer o conjunto de habilidades e atitudes requisitadas para ser gerente e obter excelente desempenho.

Com relação à avaliação da personalidade, apresentaremos aqui um instrumento baseado no modelo *Big Five*, a Bateria Fatorial de Personalidade (BFP) (Nunes, Hutz & Nunes, 2010). A Bateria Fatorial de Personalidade é um instrumento psicológico construído para a avaliação da personalidade a partir do modelo dos Cinco Grandes Fatores (CGF) e inclui as dimensões: Neuroticismo (em que constam as facetas denominadas Vulnerabilidade, Instabilidade Emocional, Passividade, Falta de Energia e Depressão); Extroversão (contendo as facetas Comunicação, Altivez, Dinamismo e Interações Sociais); Socialização (com facetas denominadas Amabilidade, Pró-sociabilidade e Confiança nas pessoas); Realização (constituída pelas facetas Competência, Ponderação, Prudência e Empenho/ Comprometimento) e Abertura (com as facetas Abertura a Ideias, Liberalismo e Busca por Novidades).

A Administração da BFP pode ser individual e/ou coletiva e recomenda-se utilizar o instrumento em pessoas que possuem escolaridade de, no mínimo, Ensino Fundamental completo. A aplicação não tem limite de tempo e usualmente não ultrapassa quarenta minutos. A padronização foi realizada com 6.599 indivíduos de diversas regiões do Brasil. A análise de precisão foi realizada pelo índice *Alfa de Cronbach*, sendo que a maioria das facetas da BFP apresentou consistência interna considerada boa ou muito boa. Quanto aos estudos que buscaram evidências de validade, esses foram realizados por meio de correlação com diversos instrumentos, entre eles, a Bateria de Provas de Raciocínio (BPR-5), Questionário de busca Autodirigida (SDS), Escala de Bem-estar Subjetivo (BES), entre outros.

Desde os primórdios da utilização da avaliação psicológica nas organizações, os psicólogos fizeram uso de testes de personalidade como uma ferramenta importante na avaliação dos empregados e candidatos, especialmente quando os cargos eram de alto nível hierárquico ou para funções de grande impacto nos resultados empresariais. Esta preferência na utilização de testes sempre esteve propensa ao uso dos testes objetivos, possivelmente por estarem mais fundamentados na psicometria, por meio de números e cálculos estatísticos, serem padronizados, estruturados e oferecerem um número limitado de alternativas de resposta para uma determinada tarefa (Pasquali, 2001).

Segundo o mesmo autor, parece que essa condição dos testes objetivos favorece a praticidade necessária ao mundo dos negócios; mas ao se tratar de funções gerenciais, outras regras assumem uma maior expressão. Como as respostas a esse tipo de ferramenta podem ser mais facilmente controladas, de forma consciente ou não, elas podem enviesar os resultados, dificultando a avaliação por parte do psicólogo que não tem a convicção de que os dados encontrados são sinceros ou foram manipulados pelo sujeito.

Em contrapartida, os testes projetivos apresentam tarefas pouco estruturadas, preocupando-se mais com o processo psicológico, o que pode suscitar uma ampla variedade de respostas por parte do indivíduo que está sendo examinado. Neste tipo de testagem, como não há controle sobre a resposta que é emitida pelo sujeito, pois ele não sabe o que sua resposta significa em termos interpretativos, acaba por atribuir suas qualidades e necessidades aos estímulos recebidos, sem perceber (Villemor-Amaral & Pasqualini-Casado, 2006).

Entre os instrumentos projetivos destacamos o Método de Rorschach, que é uma das técnicas projetivas mais utilizadas mundialmente para explorar características da personalidade. O teste é composto por dez cartões, cinco acromáticos e cinco cromáticos que permitem avaliar a estrutura da personalidade e o funcionamento de seus psicodinamismos. Por meio desta ferramenta é possível verificar as condições intelectuais, afetivas e emocionais, controle geral, capacidade de tolerar frustrações e conflitos, produtividade e aspirações, autopercepção e relacionamento interpessoal, entre outros elementos (Exner & Sendín, 1999; Klopfer, 1952; Vaz, 1997; Weiner, 2000).

O método permite ao psicólogo identificar também traços e impulsos mais profundos que determinam a conduta manifesta do sujeito avaliado (Werlang & Argimon, 2003). Considera-se que os gerentes de alto desempenho apresentem, entre os aspectos da personalidade considerados pelo instrumento, capacidade de análise, planejamento, iniciativa, integração a grupos, relacionamento interpessoal (Nascimento, 2007). Além do Método de Rorschach, outros instrumentos projetivos podem contribuir para avaliação de executivos de alto desempenho, como o Teste de Zulliger.

O Teste de Zulliger para avaliação da personalidade foi criado pelo psicólogo suíço Hans Zulliger no ano de 1948, tendo como base o Método de Rorschach. O teste foi inicialmente desenvolvido para a seleção de oficiais, quando o autor se engajou no posto de psicólogo das forças armadas da Suíça. Zulliger observou a inviabilidade da aplicação das dez pranchas do Rorschach num numero muito grande de sujeitos, o que o induziu a testar aplicações coletivas por meio de projeções de *slides* (Villemor-Amaral & Primi, 2009).

Posteriormente, Zulliger aderiu à publicação do teste também na forma de pranchas, como o Rorschach. Desde então o instrumento vem sendo utilizado, em suas formas de aplicação coletiva ou individual, para a avaliação da personalidade em situações que necessitem de um procedimento rápido e com um número um pouco maior de indivíduos. Assim, considera-se o instrumento semelhante ao Método de Rorschach tanto no que diz respeito às características do estímulo, quanto no que se relaciona ao procedimento de classificação das respostas e análise dos dados.

Villemor-Amaral e Primi (2009) explicam que, no Brasil, a publicação de um manual com pesquisas brasileiras foi realizada por Vaz (1998) enfocando a aplicação coletiva, e por Freitas (1996) com foco na aplicação individual. Vaz (1998) apoiou-se no sistema de Klopfer desenvolvido para o Rorschach, sendo que Freitas (1996) manteve-se mais na perspectiva do próprio Zulliger.

No mercado brasileiro estão disponíveis duas versões da técnica, a saber, Z-Teste: Técnica de Zulliger – Forma Coletiva (Vaz, 1998) e Teste de Zulliger no Sistema Compreensivo (ZSC): forma individual (Villemor-Amaral & Primi, 2009), ambos publicados pela Editora Casa do Psicólogo.

Outra técnica projetiva mundialmente conhecida é o Teste das Pirâmides Coloridas de Pfister (TPC), um instrumento projetivo que avalia aspectos peculiares da personalidade, possibilitando uma compreensão dinâmica e integrada do funcionamento psíquico. Em primeira instância, o TPC avalia a dinâmica emocional, contudo permite também predições a respeito do desenvolvimento intelectual/cognitivo. Em virtude da possibilidade de um diagnóstico abrangente, costuma ser muito apreciado pelos profissionais que o conhecem, principalmente devido à sua fácil aceitação por parte dos examinandos que geralmente o executam com prazer (Villemor-Amaral & Franco, 2008).

As autoras destacam ainda que a grande vantagem do instrumento refere-se ao fato de ser uma técnica não verbal, rápida e acessível para avaliar indivíduos de todas as idades, incluindo sujeitos com dificuldades de fala, limitações culturais ou com resistências a tarefas que envolvam mais abertamente habilidades cognitivas.

Além disso, como se trata de uma tarefa inesperada e singular perante as atividades habituais de uma pessoa, a manipulação das respostas por parte de quem é avaliado é quase nula, já que dificilmente terá ciência do que está sendo avaliado.

Pesquisas sobre evidências de validade para diagnóstico psicopatológico e estudos de precisão de classificação comprovaram que o instrumento pode ser um recurso favorável às avaliações da personalidade. A experiência clínica e as pesquisas têm demonstrado o quanto as conclusões de Pfister, mesmo sendo consideradas na época bastante intuitivas, mostram-se, na atualidade, bastante úteis para o diagnóstico da dinâmica emocional e maturidade cognitiva dos indivíduos, seja por influência do que o teste representa por seu significado simbólico e cultural, ou mesmo pelos conhecimentos originados nas neurociências e pesquisas empíricas. Desta forma, as cores utilizadas no teste, e o modo como são dispostas sobre o esquema da pirâmide, sugerem a maneira como a pessoa se coloca emocionalmente no ambiente, bem como expressa suas emoções na relação com os outros (Franco & Cardoso, 2005; Primi, 2005).

Por fim, destacamos que há um grande avanço psicométrico nos estudos com os instrumentos projetivos, o que irá permitir cada vez mais uma maior confiabilidade métrica aos resultados oriundos deste tipo de técnica. Segundo Villemor-Amaral e Werlang (2008), os críticos sustentam o excessivo subjetivismo na interpretação dos métodos projetivos, destacando a grande influência que o psicólogo sofre por parte do ambiente e do examinador, a baixa fidedignidade, poucos estudos de validação e necessidade de dados normativos. Já os defensores da técnica, enfatizam a riqueza qualitativa das informações produzidas pelos testes projetivos e a possibilidade de investigar comportamentos de grande complexidade.

Apesar das considerações variadas e controversas a respeito da utilização de métodos projetivos, no que tange a aplicação, correção e interpretação destes instrumentos, mesmo sendo testes mais demorados e complexos, em se tratando de seleção de executivos, o número de candidatos a estes cargos são em número reduzidos, chegando a dois ou três candidatos para uma vaga, o que viabiliza a aplicação deste ferramental, diferentemente da utilização destes métodos para seleções de candidatos à vaga com um fluxo de contratação maior, o que tornaria a utilização deste tipo de método inviável.

No que se refere especificamente à avaliação de liderança, o instrumento que a avalia de forma mais direta, comercializado atualmente, chama-se Teste de Liderança Situacional (TLS) (Minicucci, 2002). Por considerar-se que o TLS não avalia características de personalidade, mas considera liderança como um comportamento a ser tratado em termos de desempenho, ele não foi encaminhado para avaliação do Conselho Federal de Psicologia (CFP), sendo, portanto, comercializado para uso não restrito a psicólogos. Segundo Kaneta (2009), o teste fora elaborado para enfatizar a liderança, e não a personalidade do líder e aborda os repertórios dos estilos dominantes, de sustentação e os sobrerrejeitados, também se propondo a avaliar flexibilidade ou rigidez dos estilos. Segundo Minicucci (2002), nenhum dos estilos seria eficaz por si só, já que um bom líder deve ter flexibilidade de estilos e conseguir utilizar eficazmente o melhor estilo para cada situação específica.

O TLS tem como objetivo avaliar a eficácia de liderança e tem como público-alvo, adolescentes e adultos, com escolaridade a partir do ensino fundamental. A aplicação pode ser individual ou coletiva, sem tempo limite, sendo que leva, em média, vinte minutos.

Outro instrumento, ainda em fase de pesquisas de adaptação para o contexto brasileiro realizado pelo Departamento de Pesquisa e Produção de Testes da Casa do Psicólogo, é o *Leadership Judgement Indicator*, em português, Indicador de Julgamento de Liderança (LJI). Ele foi desenvolvido em período superior a uma década, pela Fórmula 4 Leadership Ltda. (Lock, Wheeler, Burnard & Cooper, 2005) e permite a avaliação dos estilos preferidos e de julgamento de um líder ao trabalhar com uma série de contextos de tomada de decisão; ele serve de referência da precisão com a qual o líder é capaz de discernir a maneira mais apropriada de se relacionar com seus colegas, bem como as estratégias de liderança que ele provavelmente empregará. Assim, o LJI mede a precisão do julgamento ao lidar com situações de liderança, incluindo o grau em que a força da preferência por uma estratégia de tomada de decisão, em detrimento de outras, afeta sua capacidade de flexibilizar o estilo de liderança para diferentes situações.

Diferentemente dos testes convencionais de habilidade, as medidas de julgamento do LJI apresentam cenários complexos e oferecem várias respostas alternativas. No LJI, uma dessas respostas é altamente adequada (com base na teoria da liderança), enquanto as outras são menos adequadas, mas variam em sua intensidade. A ênfase, portanto, é na avaliação dos méritos de diversos cursos de ação.

O LJI compreende dezesseis cenários de tomada de decisão de liderança. Para cada cenário, existem quatro cursos de ação alternativos para lidar com a situação descrita e o respondente deve classificar a adequação de cada um deles. As opções representam estilos de julgamento de liderança diferentes. Estes são as maneiras diretiva, consultiva, consensual ou delegatória de interagir com os colegas. Tais estilos incorrem em orientações para tarefa, poder, envolvimento ou capacitação.

O LJI pode ser administrado em papel ou por computador, tanto *online* como *offline*. A versão em papel pode ser administrada individualmente ou em grupos, viabilizando a administração em larga escala. Este é um teste de poder e, portanto, não tem restrições de tempo: normalmente, as pessoas levam quarenta minutos para completar o LJI (incluindo as instruções iniciais, mas excluindo o *feedback*).

Os cenários são estruturados de tal modo que cada um tem uma opção que está correta de acordo com a teoria na qual o LJI se baseia. Embora as outras opções sejam falhas de alguma forma, algumas são claramente mais adequadas do que outras. O sistema de pontuação computadorizado foi desenvolvido para reconhecer isso. Ele também controla os "estilos de resposta", como, por exemplo, uma tendência para concordar com todas as afirmações ou uma tendência para usar os extremos da escala de cinco pontos. Além disso, o sistema de pontuação computadorizado calcula a frequência com que determinados estilos são selecionados como sendo "adequados" ou "altamente adequados". Segundo Lock, Wheeler, Burnard e Cooper, (2005), as preferências naturais por estilos de tomada de decisão, em particular, podem reduzir a adaptabilidade em termos de flexibilização das estratégias adotadas em relação aos requisitos de uma determinada situação. Dessa forma, o LJI pode avaliar a capacidade do indivíduo de flexibilizar entre os estilos.

Em um dos estudos referentes ao processo de adaptação brasileira do LJI, Ambiel, Pacanaro, Alves, Leme e Rabelo (2011) buscaram evidências de validade de conteúdo do instrumento por meio de concordância de juízes a respeito da categorização dos itens, de acordo com os quatro tipos de liderança avaliados pelo instrumento. Para tanto, participaram seis juízes, todos psicólogos pesquisadores, sendo dois especialistas e quatro mestres (dentre estes, um doutorando). As descrições de cada tipo de liderança foram extraídas do manual original do LJI e enviadas junto a uma cópia do instrumento para os juízes, com instruções para a categorização. Para análise dos resultados, considerou-se que concordâncias a partir de 80% seriam adequadas. Assim, segundo esse critério, 52 itens (81,25%) obtiveram entre 80 e 100% de concordância, dez itens (15,65%) com 66,7% e, dois itens (3,12%) com 50% de concordância. Dessa forma, pode-se inferir que o índice de concordância foi muito alto, mostrando que os itens são bastante relacionados à teoria que os embasou.

No que se refere à estrutura fatorial do LJI, ainda referindo a adaptação brasileira do LJI, Rabelo, Alves, Leme, Ambiel e Pacanaro (2011) realizaram estudo com 473 pessoas (55% do sexo feminino), com idades entre 16 e 65 anos (M=28,7; DP=9,8), sendo que a maioria cursava o ensino superior (60,8%). As aplicações ocorreram de duas formas, sendo que 272 pessoas (57,5%) responderam uma versão *online* e 201 (42,5%) responderam em papel. Os resultados da análise fatorial revelaram que a estrutura de quatro fatores, proposta originalmente, também se aplica à amostra brasileira estudada, constituindo-se como uma evidência de validade para o LJI.

Uma ferramenta adicional para otimizar contratações, enquanto no processo de recrutamento e seleção de pessoal, é chamado de Previsão Realista do Trabalho (*Realistic Job Preview* [RJP]). Esta consiste em uma abordagem projetada para comunicar de forma clara aos candidatos, os aspectos desejáveis e indesejáveis de um trabalho antes do candidato aceitar uma oferta de emprego. Previsões Realistas do Trabalho (RJPs) podem ser realizadas de diversas formas, incluindo vídeos, apresentações orais, visitas aos locais de trabalho e folhetos escritos. Alguns formatos podem ser mais bem-sucedidos com determinados tipos de cargos e vagas ou com um público específico, mas o uso de múltiplos formatos têm-se mostrado mais eficaz (Roth & Roth, 1995; Masternak, & Champnoise, 2004). A importância da abordagem de RJP reside na possibilidade de que muitos candidatos sabem pouco sobre os trabalhos e vagas para as quais estão concorrendo, ou apresentam expectativas e/ou percepções distorcidas sobre o trabalho/atividade a ser realizada.

Segundo Masternak e Champnoise (2004), desistências do emprego nos primeiros seis meses ou um ano ocorrem, principalmente, após os funcionários chegarem à conclusão de que fizeram uma escolha de carreira ruim. Certos tipos de trabalhos cujo RJPs são fornecidos aos candidatos, na hora certa, no processo de contratação podem ter um impacto significativo na redução de contratações indesejáveis e, por conseguinte, na rotatividade de pessoal, também conhecida como *turnover*.

De acordo com dados publicados pelo Departamento Intersindical de Estatística e Estudos Socioeconômicos (DIEESE), desde 2007, a rotatividade de pessoal ou *turnover*, aumentou no país. No ano de 2006 a taxa mensal de rotatividade no Brasil era de 3,5% ao mês, representando um índice anual de 42%. Em 2002, este índice era de 35% ao ano. Assim, em cinco anos a rotatividade aumentou 20%.

Segundo Jubilato (2009), um número elevado de rotatividade envolve vários custos à organização e, por este motivo, *turnover* descontrolado deve ser evitado. No entanto, ainda segundo o mesmo autor, um índice muito baixo de rotatividade não é sadio para as organizações, pois indica que a organização está estagnada e que não revitaliza ou "oxigena" a sua mão de obra, o que pode impedir o ingresso de novas pessoas e incorporação de novos conhecimentos na organização.

Outra possível causa do *turnover*, que pode ser considerada positiva, é a maior mobilidade do trabalhador em busca de melhores oportunidades, ou mesmo o ingresso dele na participação de projetos com tempo determinado de execução. Dessa forma, o *turnover* torna-se saudável em alguma medida, tanto para organização quanto para o trabalhador; deve-se apenas observar atentamente a ocorrência excessiva desse expediente na organização, a fim de evitar prejuízos para a organização e para os trabalhadores.

Diante do exposto, fica evidenciada a necessidade de busca constante por novos instrumentos e ferramentas de avaliação, por parte dos profissionais psicólogos da área organizacional, visando à otimização dos processos de recrutamento e seleção e também para que o desempenho do profissional contratado ocorra de forma satisfatória. Ao lado disso, ressalta-se a importância da escolha de profissionais com perfis mais compatibilizados a determinadas funções, bem como de um processo de seleção claro, que informa ao candidato de que maneira suas expectativas podem ou não serem atingidas profissionalmente dentro daquela organização. Isso aumenta a probabilidade de adaptação das pessoas ao trabalho, além de elas se sentirem mais felizes, comprometidas e satisfeitas com suas tarefas, colegas, supervisores etc. (Guion & Highhouse, 2006). Assim, provavelmente, apresentarão melhor desempenho individual e, desta forma, cooperarão mais eficazmente para a produtividade e o sucesso das organizações nas quais estão empregadas, o que poderá se reverter em melhores produtos e serviços oferecidos por essas empresas (Ferreira & Santos, 2010).

Por fim, a tomada de decisão mais precisa sobre os profissionais com perfis compatíveis à realidade dos papéis e funções necessários ao funcionamento das organizações deve ser cuidadosa e consistentemente embasada do ponto de vista teórico, no que diz respeito às técnicas e ferramentas de avaliação psicológica. Isso deve ocorrer com vistas não apenas para a melhoria da qualidade de vida dos trabalhadores, mas também para que as organizações disponham, ainda mais, de vantagens competitivas no atual contexto globalizado, a partir da qualidade dos serviços oferecidos a seus clientes.

Referências

Almeida, L. S., & Primi, R. (1998). *Baterias de Provas de Raciocínio – BPR-5*. São Paulo: Casa do Psicólogo.

Ambiel, R. A. M., Pacanaro, S. V., Alves, G. A. S., Leme, I. A. S., & Rabelo, I. S. (2011). *Leadership Judgmente Indicator(LJI): concordância entre juízes no processo de adaptação para o Brasil*. Resumo submetido ao Congresso Interamericano de Psicologia.

Bartram, D. (2004). Assessment in organisations. *Applied Psychology: An International Review, 53*(2), 237-259.

Baumgartl, V. O., & Primi, R. (2006). Evidências de validade da bateria de provas de raciocínio (BPR-5) para seleção de pessoal. *Psicologia Reflexão e Critica, 19*(2), 246-251.

Cardoso, L. M., & Franco, R. R. C. (2005). Psicodiagnóstico diferencial e psicopatologia. In A. E. Villemor-Amaral. *O Teste das Pirâmides de Pfister*. São Paulo: CETEPP. (pp. 119-129).

Cardoso, L. M., & Campos Franco, R. R. (2005). Psicodiagnóstico Diferencial e Psicopatologia. Em Villemor Amaral, A. E. *As Pirâmides Coloridas de Pfister*. (pp. 119-129). São Paulo: Centro Editor de Testes e Pesquisas em Psicologia.

Cavalcanti, V. L. (2002). *Desenvolvimento de Equipes Estratégicas*. Rio de Janeiro: Cursos de Educação Continuada.

Chan, D. (2005). Current directions in personnel selection research. *Current Directions in Psychological Science, 14*(4), 220-223.

Exner, J., & Sendín, C. (1999). *Manual de Interpretação do Rorschach para o Sistema Compreensivo*. São Paulo: Casa do Psicólogo.

Ferreira, M. C., & Santos, A. A. A. (2010). *A avaliação psicológica no contexto organizacional e do trabalho*. In A. A. A. Santos e cols. (Orgs). Avaliação Psicológica: diretrizes na regulamentação da profissão. 1. ed. São Paulo: Conselho Federal de Psicologia.

Freitas, A. M. L. (1996). *Teste Zulliger: Aplicação e avaliação*. São Paulo: Casa do Psicólogo.

Gressler, L. A. (2004). *Introdução à pesquisa: projetos e relatórios.*
2. ed. São Paulo: Loyola.

Guion, R. M., & Highhouse, S. (2006). *Essentials of personnel assessment and selection.* Mahwah, N. J. Lawrence Erlbaum Associates.

Jubilato, J. (2009). Rotatividade de Pessoal: Custos e índice Ideais. Recuperado em 27 de janeiro de 2011, de http://www.rhportal.com.br/artigos/wmview.php?idc_cad=fkd0qfx9v.

Kaneta, C. N. (2009). *Avaliação Psicológica: uma aplicação do Teste de Liderança Situacional (TLS) em psicologia do esporte.* Dissertação de mestrado não publicada, Universidade de São Paulo, São Paulo, Brasil.

Klopfer, B. (1952). *Técnica del psicodiagnostico de Rorschach.* Buenos Aires: Ed. Paidos.

Linden, D. V. D., Keijers, P. J., Eling, P., & Schaijk, R. V. (2005). Work stress and attentional difficulties: an initial study on burnout and cognitive failures. *Work & Stress, 19*(1), 23-36.

Lock, M., Wheeler, R., Burnard, N., & Cooper, C. (2005). *LJI – Leadership Judgement Indicator (manual).* Oxford: Hogrefe.

Manzini, E. J. (2004). *Entrevista: definição e classificação.* Marília: Unesp.

Masternak, M., & Champnoise, C. (2004). *Realistic Job Preview: a Review of the Literature and Recommendations for Michigan Family Independence Agency.* CPS Human Resource services.

Meewisse, M. L., Nijdam, M. J., Vries, G. J., Gersons, B. P. R., Kleber, R. J., Velden, P. G. van der et al. (2005). Diaster-related posttraumatic stress symptoms and sustained attention: Evaluation of depressive symptomatology and sleep disturbances as mediators. *Jornal of Traumatic Stress, 18*(4), 299-302.

Minicucci, A. (2002). *TLS – Teste de Liderança Situacional (manual).* São Paulo: Vetor.

Nunes, C. H. S. S., Hutz, C. S., & Nunes, M. F. O. (2010). *Bateria Fatorial de Personalidade (BFP) – Manual técnico.* São Paulo: Casa do Psicólogo.

Pasquali, L. (2001). *Técnicas de exame psicológico – TEP: Fundamentos das técnicas psicológicas.* São Paulo: Casa do Psicólogo.

Pereira, F. M., Primi, R., & Cobêro, C. (2003). Validade de testes utilizados em seleção de pessoal segundo recrutadores. *Psicologia: Teoria e Prática, 5*(2), 83-98.

Primi, R. (2005). *Temas em Avaliação Psicológica.* São Paulo: Casa do Psicólogo.

Primi, R. (2005). Evidências de validade. In A. E. Villemor-Amaral. *O Teste das Pirâmides de Pfister.* São Paulo: CETEPP. (pp. 107-118).

Rabelo, I. S., Alves, G. A. S., Leme, I. A. S., Ambiel, R. A. M., & Pacanaro, S. V. (2011). *Análise fatorial do Leadership Judgement Indicator (LJI) com uma amostra brasileira.* Resumo submetido ao Congresso Interamericano de Psicologia.

Ramos, F. (2005). Entrevista na empresa: Entrevista de seleção. In Macedo, M. M. K., & Carrasco, L. K. *(Con)textos de entrevista: olhares sobre a interação humana.* São Paulo: Casa do Psicólogo. (pp. 261-279).

Robertson, I. T., & Smith, M. (2001, novembro). Personnel selection. *Journal of Occupational and Organizational Psychology, 74*(4), 441-472.

Roth, P. G., & Roth, P. L. (1995). Reduce Turnover with Realistic Job Reviews. *The CPS Journal, 65,* 68-69.

Rueda, F. J. M., & Sisto, F. F. (2009). *Teste de Atenção Concentrada (TEACO- FF).* 1. ed. São Paulo: Casa do Psicólogo.

Rueda, F. J. M. (2010). *Teste de atenção dividida – TEADI/Teste de atenção alternada – TEALT.* São Paulo: Casa do Psicólogo.

Santos, S. C. G. (2009). *Avaliação da personalidade de gerentes de alto desempenho por meio do método de Rorschach.* Tese de doutorado não publicada, Faculdade de Psicologia (PUCRS), Porto Alegre, Brasil.

Vaz, C. E. (1998). *Z-teste: Técnica de Zulliger: forma coletiva.* São Paulo: Casa do Psicólogo.

Vaz, C. E. (1997). *O Rorschach – Teoria e Desempenho.* 3. ed. São Paulo: Editora Manole Ltda.

Villemor-Amaral, A. E., & Werlang, B. G. (2008). *Atualizações em Métodos Projetivos para Avaliação Psicológica*. São Paulo: Casa do Psicólogo.

Villemor-Amaral, A. E., & Franco, R. R. C. (2005). Novas contribuições para o Teste das Pirâmides Coloridas de Pfister. In A. E., Villemor--Amaral, & B. G., Werlang (Orgs.). *Atualizações em Métodos Projetivos para Avaliação Psicológica*. São Paulo: Casa do Psicólogo. (pp. 415-423).

Villemor-Amaral, A. E., & Pasqualini-Casado, L. (2006). A cientificidade das técnicas projetivas em debate. *PsicoUSF, 11*(2), 56-71.

Villemor-Amaral, A. E., & Primi, R. (2009). *Teste de Zulliger no Sistema Compreensivo – ZSC: forma individual*. São Paulo: Casa do Psicólogo.

Weiner, I. B. (2000). *Princípios da interpretação do Rorschach*. São Paulo: Casa do Psicólogo.

Capítulo 3

O uso de testes psicológicos em seleção profissional

Renata da Rocha Campos Franco

A Avaliação Psicológica é um processo que tem por objetivo coletar, por meio de diversas técnicas, aspectos relevantes de um indivíduo para que se possa compreender, de maneira mais global, os comportamentos dessa pessoa (Urbina, 2006; Tavares, 2003). Uma das técnicas utilizadas na Avaliação Psicológica para compreender um indivíduo é o teste psicológico, que, de acordo com a resolução nº 002\2003 do Conselho Federal de Psicologia (CFP), é um instrumento de avaliação ou mensuração de características psicológicas, constituindo-se um método de uso privativo do psicólogo.

O uso de testes psicológicos é uma prática bastante frequente no contexto organizacional e a sua aplicação tem-se caracterizado como uma das principais fases do processo de seleção de pessoal nas organizações (Audibert, Pereira & Esteves, 2009). Entretanto, o uso dessa ferramenta tem sido foco de bastante polêmica. Por um lado a utilização desses recursos é defendida por possibilitar conhecer aspectos mais profundos e específicos do candidato, por outro lado recebe fortes críticas, que na maioria das vezes está relacionado com o uso inadequado do instrumento, seja na seleção da técnica a ser usada, no modo como o examinador administra e interpreta as informações provenientes do processo de avaliação, ou, ainda, por questões éticas, tal como a ausência de devolutiva aos candidatos. Esse problema, ausência de devolutiva, tem maior evidência nos processos seletivos, pois os candidatos querem e precisam saber quais pontos limitam ou favorecem seu crescimento profissional. Segundo Goulart Júnior (2003, citado por Parpinelli & Lunardelli, 2006), quando bem conduzida, uma entrevista devolutiva pode trazer importantes contribuições ao candidato que tem a oportunidade de aprimorar seu autoconhecimento e autopercepção, favorecendo seu autodesenvolvimento. Para esse mesmo autor, a entrevista devolutiva caracteriza-se como etapa legítima do processo de avaliação psicológica, pois reafirma o cuidado com os indivíduos e confere seriedade e credibilidade ao trabalho do psicólogo.

Dessa forma, o uso de testes psicológicos é uma prática que engloba responsabilidades técnicas e éticas que vão além da simples aplicação e interpretação de um instrumento. O psicólogo precisa investir numa educação continuada na área de Avaliação Psicológica. Uma formação sólida na área, além de favorecer e ampliar a atuação cotidiana, também contribui para a melhoria qualitativa e quantitativa da organização em que se trabalha. O psicólogo pode e deve mostrar a seus dirigentes que o sucesso da Avaliação Psicológica de um candidato não se limita a sua contratação (Parpinelli & Lunardelli, 2006).

O papel do psicólogo dentro do subsistema de recrutamento e seleção

O profissional responsável pelos processos de recrutamento, até pouco tempo, selecionava os candidatos por meio de informações provenientes dos currículos. A análise do currículo associado com uma entrevista mais detalhada eram procedimentos comumente praticados para avaliar a credibilidade das propostas e intenções de um candidato (Godoy & Noronha, 2005). Atualmente, o perfil técnico não é mais suficiente por si só, é necessário utilizar outras técnicas para levantar informações que não estão disponíveis nos currículos (Benucci, 2003).

Em São Paulo e em outras grandes capitais que apresentam um mercado de trabalho cada dia mais competitivo, a utilização de mais procedimentos como as dinâmicas de grupo, os testes psicológicos, entre outros, têm sido métodos de avaliação bastante recomendados e utilizados, pois os currículos encaminhados para os departamentos de recrutamento e seleção das empresas ou consultorias especializadas trazem, na maioria das vezes, informações equivalentes do ponto de vista técnico, sendo, portanto, necessário avaliar e selecionar os candidatos com a ajuda de outros critérios.

As empresas, ao solicitarem uma avaliação do comportamento laboral dos candidatos, querem conhecer de forma detalhada quais são as habilidades (fortalezas), dificuldades (fraquezas) e possíveis comportamentos que podem contraindicar o exercício da atividade laboral. Nesse contexto, o psicólogo que elabora laudos psicológicos é requisitado para descrever o funcionamento do candidato a partir do modo como ele toma decisões, soluciona problemas, expressa suas emoções, lidera uma equipe, e outros fatores importantes sobre suas competências e potenciais. O psicólogo ainda deve ter o cuidado de descrever os resultados de sua avaliação de forma diferente daquela empregada na área clínica. Para Pasquali (2001), os psicólogos precisam traduzir os resultados técnicos das avaliações em termos ou palavras que possam ser de fácil compreensão pelo senso comum. Diante disso, os laudos psicológicos devem estar vinculados ao conceito das competências, que tem sido utilizado para falar da influência da dinâmica de personalidade no desempenho das pessoas no trabalho. Assim, por meio dos aspectos descritivos do comportamento laboral (competências), o psicólogo consegue indicar quais são os candidatos que apresentam melhores condições no seguimento do processo seletivo.

Para que o processo de decisão do psicólogo possa ser devidamente amparado, ele precisa estar ciente sobre as diversas fases que configuram o processo de recrutamento e seleção, o que inclui uma descrição detalhada do cargo e das competências exigidas para este, a identificação das habilidades e do conhecimento teórico e prático que o candidato tem para exercer a função do cargo, o contexto cultural da empresa e a definição dos instrumentos de medida que serão usados no processo de seleção. De acordo com Alchieri (2006),

> [...] o número de etapas no processo de seleção e sua sequência irão variar com a organização e com o tipo dos diferentes níveis do cargo a ser preenchido, assim como a escolha da metodologia para a avaliação dos candidatos irá diferir em cada caso. (p. 201)

Em relação ao método empregado, o psicólogo pode utilizar uma série de procedimentos práticos, entre eles estão os testes situacionais, como, por exemplo, as dinâmicas de grupo, que tem como propriedade avaliar os candidatos em determinadas situações do cotidiano no trabalho. Os testes de aptidão, como, por exemplo, análise do currículo associado a uma entrevista detalhada, investiguam o conhecimento técnico do candidato sobre os aspectos teóricos e práticos de sua futura tarefa e função. Os testes de desempenho, como, por exemplo, os questionários, averiguam a agilidade do candidato para resolver problemas e tomar decisões. E os testes psicológicos, como, por exemplo, as técnicas objetivas e projetivas de personalidade, avaliam a qualidade da expressão dos aspectos cognitivos, afetivos, interpessoais e da autoimagem que o candidato tem de si mesmo.

Ao que se referem aos testes psicológicos, alguns cuidados são necessários antes de sua utilização. O primeiro passo é saber se ele é ou não adequado para avaliar aquilo que se propõe. Para Pasquali (1999, p. 34) "os testes são bastante criticados porque quase não existem testes construídos para esta ou aquela profissão, o que revela que não se sabe se os testes que estão sendo utilizados são válidos para tal fim".

Depois que o teste é cientificamente apto para ser utilizado no contexto da seleção, o psicológico precisa fazer um bom uso dos testes, pois ao analisar as críticas em relação aos testes, observa-se que o problema não seria do instrumento em si, mas sim no uso feito pelo aplicador, na forma como ele os administra e interpreta. Certamente um aspecto imprescindível na escolha de um teste é, além do fato de se adequar às intenções de avaliação, que o profissional tenha pleno domínio em seu uso, tanto no que se refere à aplicação quanto à interpretação de resultados (Goulart Júnior, 2003 citado por Parpinelli & Lunardelli, 2006).

A importância dos parâmetros psicométricos para os testes psicológicos

O psicólogo deve sempre estar atento aos avanços científicos não só dos instrumentos psicológicos como também do contexto em que a avaliação se aplica. O bom uso dos testes torna-se requisito essencial para o sucesso de uma Avaliação Psicológica.

A combinação entre conhecimento, habilidade e atitude, sustentada por boas teorias psicológicas faz dos instrumentos, métodos e técnicas excelentes para auxiliar na compreensão do funcionamento psíquico dos examinandos. Mas para que o uso dos testes sejam proveitosos, o psicólogo necessita ter um vasto conhecimento em relação às técnicas que pretende utilizar e das teorias que os embasam, assim como uma possibilidade de crítica consciente em relação aos instrumentos de avaliação que utiliza para adequar o instrumento à demanda quando necessário, obtendo, assim, um melhor resultado (Cruz, 2002 citado por Strapasson; Silva & Teodoro, 2010).

A partir da perspectiva de que os testes psicológicos podem ser extremamente úteis quando bem utilizados e com o intuito de promover uma reflexão sobre o papel do psicólogo diante dos processos de seleção, Pereira, Primi e Cobêro (2003) realizaram uma pesquisa para explorar a frequência de utilização de testes psicológicos nas empresas e buscar o conhecimento que os profissionais tinham da validade deles. Os resultados indicaram uma contradição entre a noção que os recrutadores têm de validade e o conceito proposto pela Psicologia. Para a maioria dos recrutadores, a validade de um teste tem relação com a experiência com o teste, enquanto que a validade tem sido entendida como a possibilidade do instrumento avaliar aquilo que se propõe a avaliar (Pereira, Primi & Cobêro, 2003).

Para Anastasi e Urbina (2000), a validade de um teste refere-se àquilo que o teste mede e a quão bem ele faz isso

[...] a validade de um teste não pode ser relatada em termos gerais. Não se pode dizer que um teste tem 'alta' ou 'baixa' validade em termos abstratos. Sua validade precisa ser estabelecida com referência ao uso específico para o qual o teste está sendo considerado. (p. 107)

A partir dessa definição, pode-se inferir que os instrumentos que não passam pelo estudo de validade não apresentam dados confiáveis, e, portanto, não devem ser usados (Noronha, Freitas & Ottati, 2003).

De acordo com Pereira, Primi e Cobêro (2003) o conceito de validade, segundo a Psicologia, tem sido negligenciado por muitos recrutadores, mostrando que uma atualização dos conceitos psicométricos de validade e precisão precisam ser revistos com urgência. Para ilustrar o pouco conhecimento psicométrico de alguns recrutadores, os autores apresentam o relato de um participante que utiliza em seu cotidiano profissional o teste de Wartegg, técnica projetiva gráfica em que o sujeito completa oito desenhos a partir de pequenos estímulos gráficos.

"Escolhi o Wartegg porque é um dos melhores testes que já conheci. Já apliquei ao longo da minha carreira mais de 5 mil testes e garanto a fidedignidade (precisão) deste" (p. 94). No entanto, o teste de Wartegg não apresenta validade para o contexto brasileiro, muito menos parâmetros de validade preditiva, que é a validade mais importante de ser averiguada nos testes destinados aos processos de seleção.

Para Pereira, Primi e Cobêro (2003, p. 85) qualquer teste psicológico, ao ser utilizado nos processos de seleção, deve ser capaz de prever o comportamento que o candidato terá no futuro, revelando correspondência com a sua boa ou má performance profissional. Isto é, "o uso de testes ou de qualquer recurso científico em seleção somente pode ser considerado eficaz quando existe comprovação de que os indivíduos considerados aptos para o cargo são realmente melhores do que os rejeitados".

Antes das exigências imposta pela resolução 002/2003 do CFP referente aos estudos de validade preditiva, a entrevista comportamental era o melhor preditor do comportamento de uma pessoa no futuro. Esse tipo de entrevista, que surgiu na década de 1970, era utilizado para investigar as experiências passadas dos candidatos. O psicólogo observava se os comportamentos relatados atendiam o repertório requisitado no perfil de competências do cargo ao qual o profissional estava se candidatando.

Hoje, depois dos avanços científicos da avaliação psicológica, a entrevista comportamental, aplicada de forma exclusiva, tornou-se um procedimento muito subjetivo. O ideal é que ela seja combinada com a aplicação de outros procedimentos mais objetivos, como, por exemplo, os testes psicológicos. A união de um procedimento subjetivo (entrevista) associado a outros métodos mais objetivos (testes psicológicos) permite ao entrevistador resultados mais eficazes e maior segurança na tomada de decisão pelo profissional (Santos, 2009). A integração de técnicas ajuda o recrutador a aprofundar sua investigação no momento da escolha de um profissional.

Acredita-se que rigor científico imposto pelas normas éticas da Avaliação Psicológica pode ajudar a reduzir os erros ou equívocos durante as fases do recrutamento e seleção de pessoas. Para tanto, o psicólogo precisa acompanhar os avanços e fazer bom uso das diversas ferramentas que estão disponíveis no mercado. O psicólogo, bem formado, sabe, por exemplo, que nem todos os testes psicológicos disponíveis para uso prático podem ser usados em qualquer contexto, eles precisam ser válidos para o contexto desejado. Um mesmo teste pode ser recomendado para uma atuação clínica e ineficiente para o contexto organizacional. Assim, o cuidado na escolha de um teste e a validade científica que ele apresenta para o contexto desejado são exigências preliminares e que, quando acatadas e aplicadas, garantem a veracidade sobre as informações inferidas pelos testes. Segundo Pasquali (2001) o psicólogo precisa estar atento tanto em relação às características dos candidatos, tais como faixa etária, grau de escolaridade e possíveis comprometimentos motores, verbais e visuais, quanto às vantagens e limitações do próprio instrumento evidenciadas pelos estudos de validade, precisão e normatização de acordo com as características socioculturais do país.

No Brasil, apesar da gama de testes utilizados em seleção ser variada, pouco ainda se tem estudado sobre sua validade e mesmo assim continuam sendo utilizados em larga escala, seja pela sua popularidade, seja pela sua facilidade de administração e avaliação (Noronha, A. P. P., 2009). Entre os testes psicológicos mais populares no subsistema de recrutamento e seleção, os testes objetivos, que apresentam, na maioria das vezes, uma estrutura de tarefa composta por lápis, papel e perguntas diretas são os preferidos. Esse tipo de teste apresenta como vantagem a simplicidade tanto para a administração da tarefa quanto para a interpretação dos dados e como desvantagem o fato de serem suscetíveis a uma possível manipulação dos dados. Os candidatos podem responder aos inventários de acordo com os valores morais e éticos que favorecem a sua imagem profissional, deixando em segundo plano as reais características de sua personalidade. Isso porque a linguagem escrita e falada são formas de expressões bastante praticadas no cotidiano da pessoa, o que induz, naturalmente, o controle consciente sobre as respostas que são emitidas.

Segundo Alves (2004), os teste objetivos têm como desvantagem a possibilidade da distorção das respostas, o sujeito pode responder de maneira mais adequada e socialmente aceita e não da forma que ele realmente é, tornando os resultados dos inventários e questionários menos confiáveis. Contudo, é importante comentar e afirmar sobre os testes objetivos, pois atualmente existem bons questionários de personalidade, mas que ainda buscam melhores evidências de validade para o contexto organizacional, como a Bateria Fatorial de Personalidade, fundamentadas pelo modelo dos cinco fatores (Nunes, Hutz & Nunes, 2010) que utilizam algumas manobras estatísticas (índice de desejabilidade social) para identificar possíveis fraudes.

Uma alternativa para contornar as manipulações das expressões conscientes dos testes objetivos é a utilização das técnicas projetivas que refletem a forma como o indivíduo se organiza mentalmente e emocionalmente sem que a pessoa saiba o que se espera dela. As técnicas projetivas reduzem o controle consciente da pessoa sobre a conduta a ser analisada e originam respostas mais espontâneas e que refletem a sua própria individualidade. Nas técnicas projetivas, a pessoa não sabe qual é a resposta politicamente correta a ser dita, o que torna a avaliação mais verdadeira e sem manipulações (Chabert, 2004).

A utilidade dos instrumentos de personalidade nos processos de seleção

O mapeamento do perfil da personalidade realizado ao apoio de uma entrevista e utilização dos testes psicológicos têm sido uma estratégia assertiva para diferenciar os candidatos e revelar qual deles está próximo ou distante do que é esperado para a função e para a empresa (Cansian, 2002). Outro aspecto que favorece o interesse da empresa em conhecer o perfil comportamental e a dinâmica de personalidade do candidato é a possibilidade de conhecer as expectativas e motivações do profissional, que possivelmente será submetido a um cenário bastante propício para seu bom rendimento, satisfação e envolvimento com as metas e propostas da organização. Ter essas informações sobre o funcionário pode, inclusive, minimizar o risco dos assédios feitos pelos *Hedhunters*, que, constantemente, oferecem propostas cada vez mais atraentes para que os bons profissionais mudem de empresa.

Entre as diversas técnicas projetivas utilizadas nos processos de seleção o teste de Zulliger-SC (Villemor-Amaral & Primi, 2009) tem-se mostrado um instrumento cada vez mais frequente e útil para gerar informações sobre a estrutura e dinâmica psíquica de uma pessoa, envolvendo investigações sobre os aspectos cognitivos, afetivos e interpessoais. A tarefa proposta pelo Zulliger-SC consiste em mostrar manchas de tinta e pedir para que a pessoa diga 'o que aquilo poderia ser' e 'o que na mancha fez com que parecesse aquilo' que foi dito, o candidato não sabe qual é resposta ideal e nem imagina como algumas manchas de tinta podem revelar informações sobre a sua personalidade. Assim, a pessoa é naturalmente convidada a revelar seu mundo interno de forma verdadeira, pois essa técnica permite uma grande liberdade de respostas que abrem espaço para a fantasia e afastam os mecanismos racionais, que controlam e orientam as respostas dos candidatos, o que consente uma avaliação mais profunda sobre a pessoa.

O teste de Zulliger-SC insere-se no grupo das técnicas com estímulos não estruturados e se assemelha ao método de Rorschach no que diz respeito ao estilo dos estímulos. Tanto o Rorschach-SC quanto o Zulliger-SC são ferramentas com boas evidências de validade para o contexto de seleção, no entanto, o Rorschach-SC, composto por dez pranchas, é um procedimento demorado, trabalhoso e caro, o que limita a sua utilização comercial dentro desse contexto. Já o Zulliger-SC, composto por apenas três pranchas, tem sido um instrumento frequentemente utilizado devido a sua aplicação ser mais simples e econômica.

O fato de o Zulliger-SC ser mais simples do que o Rorschach-SC é uma vantagem, mas também implica limitações quanto ao alcance das interpretações. Portanto, ele não equivale ao Rorschach-SC em termos de profundidade e abrangência dos dados que são obtidos sobre a personalidade. Sendo assim, hoje, a escolha entre a utilização de um método e outro deve levar em consideração o propósito e o contexto para os quais se pretendem usar os resultados.

No contexto clínico o Rorschach-SC é bem mais eficiente, pois apreende minúcias e nuances da personalidade de forma mais profunda, favorecendo o diagnóstico da personalidade, já para o contexto organizacional, em que o prognóstico é mais importante do que o diagnóstico, o Zulliger-SC é uma boa alternativa para explorar os aspectos cognitivos e afetivos da personalidade de forma mais sucinta e predizer se o candidato é adequado ou não para assumir determinada função ou cargo. No entanto, quando o psicólogo desconfia de uma possível disfunção da personalidade, recomenda-se o Rorschach-SC como um bom instrumento para ser usado na seleção. O Zulliger-SC, além de possibilitar uma avaliação da personalidade mais rápida e econômica quando comparada com o

Rorschach-SC, também apresenta recentes evidencias de validade para o contexto de seleção, o que se torna mais uma vantagem para o seu uso comercial e progresso científico.

Ferreira e Villemor-Amaral (2005) realizaram uma pesquisa para verificar a capacidade preditiva do Zulliger-SC no contexto empresarial. O estudo teve como objetivo compreender e identificar o quão preditivo o Zulliger-SC é em relação a um determinado comportamento, como, por exemplo, o desempenho profissional de um determinado indivíduo. Para tanto, as autoras aplicaram o Zulliger-SC em 86 funcionários que foram avaliados por seus chefes por meio de um relatório de desempenho profissional que contemplava itens sobre relacionamento interpessoal, presença de atuação interna e externa, tomada de decisões oportunas, competência na especialização, busca por aprimoramento e inovação, absorção, organização, registro e divulgação de conhecimento, organização, relacionamento com pares e colegas, solução de problemas e orientação para o cliente.

Todos os itens do questionário foram correlacionados, por meio de uma análise exploratória, com as variáveis do Zulliger-SC e os resultados demonstraram altas e positivas correlações, principalmente para os profissionais da área de exatas. Os sinais de bom desempenho profissional foram mensurados pela porcentagem de qualidade formal positiva (X+%), que descreve a eficiência da percepção da pessoa sobre os diversos eventos da realidade. Esse dado relacionou-se positivamente com as questões de organização e solução de problemas, mostrando que os indivíduos com maior ajustamento convencional da realidade tendem a ser mais organizados e a perceber melhor as situações, identificando problemas reais ou potenciais e soluções.

A variável Dd, que indica o quanto que a pessoa investe energia em detalhes pouco relevante de seu entorno, correlacionou-se inversamente com a capacidade para solucionar problemas, revelando que os indivíduos com maior idiossincrasia são mais propensos à lentidão para criar soluções. Ainda relacionado à capacidade de solucionar problemas, o aumento da variável SumY, que revela a presença de sofrimento psíquico, indicou que pessoas com alto estresse situacional e sentimentos mais depressivos, tendem a emitir condutas mais desajustadas na solução de problemas.

Outros dezesseis indicadores do Zulliger-SC apresentaram correlação com o questionário de desempenho profissional, o que indica que o teste tem bastante potencial para ser utilizado nos processos de seleção, principalmente para o perfil profissional da área de exatas. Para as autoras o Zulliger-SC ainda evidencia limitações para outras áreas profissionais, necessitando de novos estudos para o contexto da seleção. Por enquanto, a melhor forma de utilizar o Zulliger-SC é associá-lo com outras fontes de informação, como o perfil da profissão e outros procedimentos de avaliação (Ferreira & Villemor-Amaral, 2005).

Outro relevante estudo do Zulliger-SC na área organizacional foi realizado por Angélica Zdunic (2007) que publicou na Argentina a terceira edição do livro *El test de Zulliger-SC em la evaluacion de personal*. Neste livro, que também pode ser entendido como uma espécie de manual do Zulliger-SC no contexto de recrutamento e seleção, a autora apresentou uma síntese organizada de todos os indicadores válidos e que auxiliam o psicólogo a diferenciar e descrever o perfil laboral de um profissional. Zdunic (2007) realizou suas investigações científicas a partir de cem variados protocolos de profissionais, entre 18 e 55 anos, residentes em Buenos Aires. O estudo seguiu os parâmetros psicométricos recomendados, e uma tabela normativa com a frequência esperada para cada código juntamente com um mapa gráfico que localiza a expectativa para cada recorte das manchas de tinta que foram geradas para respaldar as interpretações sugeridas pela autora. Segundo Franco (2010), as informações descritas no livro de Zdunic (2007) são destinadas ao público da Argentina, mas a qualidade da obra pode inspirar pesquisadores brasileiros e servir de base para futuros estudos com Zuliger-SC.

No Brasil, recentemente foi publicado o manual "O Teste de Zulliger no Sistema Compreensivo ZSC- forma individual" de Villemor-Amaral e Primi (2009). Nesta obra os autores também apresentam a técnica projetiva de Zulliger-SC como uma possível ferramenta de avaliação psicológica útil no segmento de recrutamento e seleção. Para Villemor-Amaral e Primi (2009) o Zulliger-SC revela informações valiosas sobre o estilo de tomada de decisões, habilidade para resolver problemas, adaptação às mudanças, manejo da agressão, estilos de comunicação e muitos outros fatores importantes sobre as habilidades e potenciais dos candidatos.

Além do Zulliger-SC, outros métodos projetivos também podem ajudar a identificar as habilidades profissionais de candidatos que procuram emprego. No entanto, o cuidado no manuseio dessas técnicas é muito importante, pois, mesmo sendo considerados válidos para o Brasil, não significa necessariamente que possuam validade quanto às questões específicas que se pretende investigar. De acordo com Rovinski (2009), que discute a utilização do Rorschach-SC nas organizações, nem sempre uma carreira de sucesso é mensurada por meio de traços de personalidade positivos.

Duas pesquisas, uma realizada na década de 1960 por Piotrowski e Rock (1963 citado por Rovinski, 2009) e outra mais recente (Villemor-Amaral, 2006, citado por Rovinski, 2009) selecionaram variáveis do Rorschach, consideradas desejáveis de se encontrar na dinâmica de personalidade de executivos de sucesso profissional, com o intuito de provar empiricamente o potencial preditivo do método das manchas de tinta. Para os autores, quanto melhor o desempenho em cargos de alto nível na hierarquia organizacional, melhor seria as informações apreendidas pelo método de Rorschach. No entanto, os resultados demonstraram que o sucesso profissional nem sempre é sinônimo de equilíbrio, maturidade, controle e organização psíquica.

Na pesquisa de Villemor-Amaral (2006 citado por Rovinski, 2009) diversos indicadores, como frequência de respostas; índice Lambda; número de W; frequência e qualidade das respostas sintetizadas (Zf, Zd); porcentagem das respostas de boa forma (XA% e X-%), tolerância ao estresse (AdjD); respostas de movimento (M: FM: m; COP; AG; a: p); respostas de conteúdo humano (H; GHR: PHR); índice de egocentrismo; respostas pares; repostas de FD e FR; índice de déficit relacional (CDI); índice de depressão (DEPI), entre outros indicadores foram investigados. Os resultados encontrados surpreenderam pelo distanciamento em relação às características de personalidade esperadas. Os valores de respostas sintetizadas (Zd) foram baixos, indicando que 50% dos executivos apresentaram uma atitude apressada e precipitada diante das analises dos fatos; 35% da amostra apresentaram um aumento de respostas passivas (a: p), sugerindo a presença de atitudes passivas, ou deixando que outras pessoas tomem decisões por eles; 50% dos executivos apresentaram o índice CDI elevado, o que sugere dificuldade de adaptação e a nota AdjD negativa também revela falta de habilidade para o relacionamento interpessoal. Por fim, outros indicadores sinalizaram atitudes e comportamentos pouco compatíveis com o papel esperado para um líder.

Rovinski (2009) relata que a mesma incompatibilidade entre traços de personalidade e desempenho profissional foi registrada em sua prática profissional, quando realizou avaliações para o cargo de juiz de direito. Com auxilio do método de Rorschach era esperado, do ponto de vista teórico, encontrar variáveis que indicassem boa capacidade para tomada de decisão; facilidade de enfrentamento de situações estressantes; entre outras variáveis de bom ajustamento psicossocial. No entanto, os juízes, de histórico desconhecidos de transtornos psíquicos e com alto padrão de desempenho, apresentaram dificuldades para o relacionamento interpessoal; dificuldades para o enfrentamento de situações de tensão e conflito, além de vivências atuais de depressão. O resultado revelou, portanto, que alguns traços considerados bizarros num primeiro momento, mas que se repetem com frequência entre os candidatos, não devem ser elementos eliminatórios na seleção. Ao contrário, devem ser elementos "de compreensão quanto ao tipo de característica que esse grupo representará em função do contexto em que a profissão está inserida" (p. 66).

Para Rovinski (2009), o uso dos indicadores do Rorschach ou de outros métodos projetivos em processos seletivos deve ser compreendido dentro de uma dinâmica única de cada sujeito, na relação com todos os outros indicadores do protocolo e em relação à história de vida. Por exemplo, quando o protocolo de um policial é comparado com um protocolo de outro profissional, a frequência de indicadores para ações e expressões mais agressivas geralmente é maior nos policiais do que indica as tabelas normativas do teste em questão. Isso porque a violência é vivida com mais intensidade na profissão do policial do que em outras. Assim sendo, os indicadores não podem ser usados de forma isolada e nem como ponto de corte para estabelecer perfis profissiográficos. Cabe ao profissional redobrar o cuidado diante dos resultados gerados pelas técnicas psicológicas, especialmente as técnicas de personalidade, as quais não devem ser empregadas de forma indiscriminada. Deve-se apurar o resultado obtido com dados do contexto organizacional e com a descrição do cargo em questão.

O Brasil deveria seguir o modelo Norte Americano, que investe em pesquisas que adaptam os testes à realidade organizacional e faz o direcionamento de cada teste para determinada função (Audibert, Pereira & Esteves, 2009). Mas, enquanto essa prática não faz parte de nosso cotidiano, a responsabilidade do profissional que avalia a personalidade dos candidatos é ainda maior. Uma alternativa imediata para impedir equívocos nos processos de seleção é a utilização de uma bateria projetiva que combina diferentes instrumentos. Quanto mais informações forem integradas e consideradas durante o processo de seleção, mais precisas e seguras serão as evidências sobre o estilo de personalidade, e consequentemente a previsão sobre a qualidade do desempenho e o comportamento futuro do candidato.

Quando mais de uma técnica é aplicada num mesmo candidato e há convergência entre as informações geradas pelos testes, melhor será a avaliação do psicólogo e mais convicção ele terá para predizer se o candidato é ou não apto para assumir uma determinada vaga ou função (Schmidt & Hunter, 1998, citado por Pereira, Primi & Cobêro, 2003).

Conclusão

O delineamento do presente estudo demonstra que existe um amplo campo de atuação do psicólogo organizacional. Recrutar, selecionar, promover, formar e desenvolver são práticas, que na maioria das vezes, utilizam-se dos testes psicológicos como base de investigação do comportamento humano. Quando o processo de avaliação é bem conduzido, o retorno do investimento pela empresa e a sociedade como um todo é visível e excelente.

A cada etapa do processo de seleção, o psicólogo deve mostrar seu profissionalismo, que se inicia com a escolha de instrumentos adequados. Os testes que não apresentam validade preditiva para o contexto de seleção podem trazer sérios problemas éticos, como, por exemplo, erros na contratação, injustiças com o candidato e a banalização do uso dos testes.

Diversos especialistas (Almeida, Prieto, Muniz & Bartram, 1998; Alves, Alchieri, Marques, 2002; Noronha, 2002; Pereira, Primi & Cobêro, 2003; Noronha et al., 2011) afirmam que os problemas diagnosticados com o mau uso dos testes psicológicos são derivados da má-formação profissional do psicólogo. De acordo com o manifesto publicado pelo Instituto Brasileiro de Avaliação Psicológica (IBAP) os problemas da avaliação psicológica decorrem basicamente de deficiências na formação profissional, sendo necessário ampliar no currículo dos cursos de Psicologia temas e conteúdos que ajudem o psicólogo a avaliar a qualidade dos instrumentos que utiliza e para que saiba fazer uso adequado deles.

> Estes temas deveriam, pelo menos, cobrir os seguintes tópicos: 1) teoria da medida e psicometria; 2) avaliação da inteligência; 3) avaliação da personalidade, incluindo técnicas projetivas e os inventários de personalidade; 4) práticas integrativas de planejamento, execução e redação dos resultados da avaliação psicológica (elaboração de laudos) nos mais variados contextos, incluindo conhecimentos das mais diversas áreas da Psicologia. (Noronha et al., 2011)

Desse modo, as questões referentes à formação do psicólogo; uso de instrumentos; ética; prática profissional; ensino; entre outras, são tema cada vez mais discutidos no cenário brasileiro e que consequentemente traz a prática da Avaliação Psicológica como foco de investigação. Quando mais pesquisas existirem sobre o uso dos testes psicológicos na área organizacional, mais rápido a sociedade irá incorporar os necessários avanços científicos e perceberá os benefícios e as contribuições que eles podem oferecer.

Especificamente, em relação às técnicas psicológicas utilizadas em processos de seleção, observa-se que, apesar do número de estudos de validade preditiva ser baixo, pode-se constatar que as técnicas projetivas estão tendo uma atenção significativa nas pesquisas relacionadas a essa prática. O principal argumento utilizado pelo psicólogo organizacional é que o candidato dificilmente consegue manipular a tarefa solicitada por um teste projetivo. Além disso, as técnicas projetivas são bastante recomendadas quando o objetivo da avaliação é trazer informações sobre a previsibilidade do comportamento.

Apesar da maioria das técnicas projetivas não serem preditivas por natureza, elas podem oferecer predições longitudinais precisas do estilo de personalidade, e, consequentemente, de condutas que são essencialmente determinadas por essas características de personalidade (Rovinski, 2009). O Zulliger-SC, por exemplo, permite prever a inserção bem-sucedida do candidato no novo cargo, não só do ponto de vista específico de seu desempenho, mas também levando em conta muitos outros fatores que contribuem para seu bem-estar geral. Com o auxilio do Zulliger-SC, o psicólogo consegue compreender a maneira de ser do candidato e fazer predições sobre a capacidade que ele tem para enfrentar situações de estresse; a maneira de relacionar-se e expressar afetos e opiniões e outros dados mais genéricos sobre os recursos psíquicos que dispõe.

No entanto, um único instrumento dificilmente é suficiente por si só, a combinação de diferentes métodos sempre é recomendada, pois esclarece pontos de dúvidas que torna a avaliação mais segura e objetiva. A entrevista comportamental associada a outros procedimentos, sejam eles dinâmicas de grupo ou testes psicológicos, proporcionam maior convicção, por parte do examinador, na tomada de decisão nos processos seletivos.

Para Pereira, Primi e Cobêro (2003), Godoy e Noronha (2005) a complexidade da Avaliação Psicológica reside não apenas na qualidade dos instrumentos, mas também na qualidade da atuação do profissional. Assim, ciência (pesquisa) e profissão (prática) devem andar juntas e o psicólogo, dentro do subsistema de recrutamento e seleção, deve ser incentivado a produzir novos conhecimentos e tecnologias a partir de sua experiência prática.

Referências

Alchieri, J. C. (2006). Considerações sobre os critérios do uso de testes projetivos em psicologia organizacional/ seleção de pessoal. In IV Congresso Nacional da Associação Brasileira de Rorschach e outros métodos projetivos, Brasília. *Livro de Resumos*. São Paulo: Vetor e Casa do Psicólogo, v. 1. p. 99.

Alchieri, J. C., & Bandeira, D. R (2002). Ensino de Avaliação Psicológica no Brasil. In Primi, R. (Org.). *Temas em Avaliação Psicológicas*. São Paulo: Casa do Psicólogo.

Almeida, L. S., Prieto, G., Muniz, J., & Bartram, D. (1998). O uso dos testes em Portugal, Espanha e países Iberoamericanos. *Psychologica*, (20), 208-215.

Alves, I. C. B., Alchieri, J. C., & Marques, K. C. (2002). As técnicas de exame psicológico ensinadas nos cursos de graduação de acordo com os professores. *Psio-USF*, 7(1), 77-88.

Alves, I. C. B. (2004). Técnicas Projetivas: questões atuais na Psicologia. In Vaz, C. E., & Graeff, R. L. (Orgs.). *Técnicas Projetivas: Produtividade em pesquisa*. Porto Alegre: Sociedade Brasileira de Rorschach e Outros Métodos Projetivos, p. 361-366.

Anastasi, A., & Urbina, S. (2000). *Testagem Psicológica*. Porto Alegre: Artes Médicas.

Audibert, A., Pereira, D. F. & Esteves, F. R. P. (2009). O uso da técnica de Zulliger na seleção de pessoas. In D. F., Pereira, & D. R., Bandeira (Orgs.) *Aspectos práticos da avaliação psicológica nas organizações* (pp. 71-98). São Paulo: Vetor.

Benucci, M. *Entrevista e processo seletivo*. 2003. Recuperado em 14 de novembro de 2008, de http://www.rh.com.br/ artigos.

Cansian, R. M. M. (2002). *O psicólogo e seu espaço nas organizações*. Recuperado em 14 de fevereiro de 2011, de http://www.cjh.ufsc.br/ sinapsi/artigos/organizacional3htm.

Chabert, C. (2004). *Psicanálise e métodos projetivos*. São Paulo: Vetor.

Ferreira, M. E. A., & Villemor-Amaral, A. E. (2005). O Teste de Zulliger e a Avaliação de Desempenho. *Paidéia: cadernos de psicologia e educação*, 15(32), 367-386.

Franco, R. R. C. (2010). *Experiência prática com o Zulliger-sc e outros métodos projetivos na área organizacional.* Mesa Redonda coordenada por Anna Elisa de Villemor-Amaral no III Congresso Brasileiro de Psicologia: Ciência e Profissão. São Paulo.

Garcia-Santos, S. C. G., & Werlang, B. S. G. (2010). A percepção das figuras de Autoridade no Roschach em Gerentes Empresariais. In Pasian, S. R. (Org.). *Avanços do Rorschach no Brasil* (pp. 121-152). São Paulo: Casa do Psicólogo.

Godoy, S. L., & Noronha, A. P. P. (2005). Instrumentos psicológicos utilizados em seleção profissional. *Revista do Departamento de Psicologia – UFF, Niterói, 17*(1), 139-159.

Gramigna, M. R. (2002). *Modelo de competências e gestão dos talentos.* São Paulo: Makron Books.

Hutz, C. S., & Nunes, C. H. S. S. (2001). *Escala Fatorial de Neuroticismo: Manual Técnico.* São Paulo: Casa do Psicólogo.

Lamounier, R., & Villemor-Amaral, A. E. (2006). Evidencias de validez para el Rorschach en el contexto de la psicología de transito. *Revista Interamericana de Psicología, 40*(2), 167-176.

Noronha, A. P. P. (2002). Os problemas mais graves e mais frequentes no uso dos testes psicológicos. *Psicologia: Reflexão e Crítica.* Porto Alegre *1*(15), 135-142.

Noronha, A. P. P., Freitas, F. A., & Ottati, F. (2003). Análise de Instrumentos de Avaliação de Interesses Profissionais. *Psicologia: Teoria e Pesquisa, 19*(3), 287-291.

Noronha, A. P. P. (2009). Testes psicológicos: conceito, uso e formação do psicólogo. In Claudio Simon Hutz. (Org.). Avanços e polêmicas em avaliação psicológica. Itatiba-SP: Casa do Psicólogo, v. 1, p. 71-92.

Noronha, A. P. P., Ziviani, C., Hutz, C. S., Bandeira, D., Custódio, E. M., Alves, I. B., Alchieri, J. C., Borges, L. O., Pasquali, L., Primi, R., & Domingues, S. F. (2011). *Em Defesa da Avaliação Psicológica.* Recuperado em 13 de janeiro de 2011, de http://www.ibapnet.org.br/avalpsi_manifesto.html.

Nunes, C. H. S. S., Hutz, C. S., & Nunes, M. F. O. (2010). *Bateria Fatorial de Personalidade.* São Paulo: Casa do Psicólogo.

Parpinelli, R. F., & Lunardelli, M.C.F. (2006). Avaliação psicológica em processos seletivos: contribuições da abordagem sistêmica. *Estudos de Psicologia*, 23(4), 463-471.

Pasquali, L. (1999). *Instrumentos psicológicos: Manual prático de elaboração*. 1. ed. Brasília, DF: LabPAM/IBAPP, v. 1. p. 306.

Pasquali, L. (2001). *Técnicas de exame psicológico: TEP manual.* In Fundamentos das Técnicas Psicológicas, vol. 1. São Paulo: Casa do Psicólogo.

Pereira, F. M., Primi, R., & Cobêro, C. (2003). Validade de testes utilizados em seleção de pessoal segundo recrutadores. *Psicologia: Teoria e Prática*, São Paulo, 5(2), 83-98.

Resolução CPF nº 002/2003. (2003). Recuperado em 14 de fevereiro de 2011, de http://www.pol.org.br.

Rovinski, S. L. R. (2009). O Sistema compreensivo do Rorschach e a sua utilização nas organizações. In Pereira, D. F., & Bandeira, D. R. (Orgs.). Aspectos práticos da avaliação psicológica nas organizações (pp. 57-70). São Paulo: Vetor.

Santos, S. C. G. (2009). Entrevista comportamental aliada aos testes psicológicos na avaliação por competências. In Pereira, D. F., & Bandeira, D. R. (Orgs.). *Aspectos práticos da avaliação psicológica nas organizações* (pp. 23-38). São Paulo: Vetor.

Strapasson, E. M., Silva, R. M., & Teodoro, V. (2010). *O Processo de Avaliação Psicológica na Atuação dos Psicólogos Organizacionais e do Trabalho*. Recuperado em 16 de fevereiro de 2011, de http://www.actassnip2010.com/conteudos/actas/avalpsi_20.pdf.

Tavares, M. (2003). Validade clínica. *Pisco-USF*, 8(2), 125-136.

Urbina, S. (2006). *Fundamentos da Testagem Psicológica*. Porto Alegre: Artes Médicas.

Villemor-Amaral, A. E., & Primi, R (2009). *O Teste de Zulliger no Sistema Compreensivo ZSC- forma individual.* São Paulo: Casa do Psicólogo.

Zdunic, A. L. (2007). *El Teste de Zulliger en La Evaluación de Personal: Aportes Del Sistema Compreensivo de Exener.* 3. ed. Buenos Aires: Paidós.

Capítulo 4

As competências e suas formas de avaliar

Graciela Vinocur

Introdução

Antes de entrarmos no conceito de competências, é conveniente lembrar que todo modelo parte de uma hipótese teórica estabelecida *a priori* que vai condicionar a observação do nosso campo de investigação e de trabalho.

Gerir uma organização por competências é fazer um recorte da realidade, é estabelecer um marco, delimitar um enfoque a partir e por meio do qual abordaremos uma porção do universo em que nos centraremos.

Diante da enorme complexidade do objeto de estudo: "a conduta humana nas organizações", o modelo de competências parece ter dado uma resposta para a abordagem do capital humano. Aqueles que devem administrar os recursos humanos em contextos cada vez mais técnicos, diversificados, mutáveis e, ainda mais, nas últimas décadas, globalizados e atravessados pela interculturalidade, provavelmente acharam no modelo uma ferramenta na qual apoiar-se.

Como síntese, podemos mencionar que as competências são um conceito cuja origem data o início da década de 1970. David McClelland (1973), reconhecido professor de Havard, especialista em motivação, assumiu o desafio de desenvolver uma metodologia que permitisse predizer com um alto grau de certeza o êxito profissional das pessoas em determinadas situações.

Basicamente, orientou sua investigação em identificar quais eram as características presentes nos grupo de pessoas cujo desempenho laboral era considerado excelente. Entre outras informações pertinentes, o estudo revelou que cumprir as tarefas de maneira correta no posto de trabalho estava mais ligado a características próprias das pessoas (personalidade) do que outros aspectos como conhecimentos e habilidades, os quais até este momento haviam sido os principais critérios de seleção junto à experiência e história profissional das pessoas.

Em outras palavras, segundo McClelland (1973), a diferença no desempenho de diferentes indivíduos numa mesma posição parecia estar mais centrada nos aspectos comportamentais e de personalidade que nas habilidades e nos conhecimentos técnicos.

Quanto aos fatores inerentes a própria pessoa que favorecem o êxito no trabalho, pode-se afirmar que vão muito mais além das habilidades técnicas, do desempenho acadêmico, dos diplomas alcançados e das experiências profissionais vividas. Isso não significa que estes não tenham valor, de fato têm sim, mas estão longe de serem suficientes para garantir um excelente desempenho laboral.

Muitos autores têm-se ocupado de forma direta ou indireta a esse tipo de questões. Assim, podemos citar Daniel Goleman (1995), que em seu livro "Inteligência Emocional" sinaliza:

> [...] Apesar de um QI elevado não ser garantia de prosperidade, prestígio nem felicidade na vida, nossas escolas e cultura concentram-se nas habilidades acadêmicas e ignoram a inteligência emocional, um conjunto de características – que alguns poderiam chamar caráter – que também tem uma enorme importância para nosso destino pessoal. A vida emocional é um âmbito, que como a matemática e a leitura pode-se utilizar com maior o menor talento e requer um conjunto de aptidões singulares. E saber até que ponto uma pessoa é especialista nelas é fundamen-

tal para saber porquê uma pessoa prospera na vida, enquanto outra com a mesma capacidade intelectual não passa da estaca zero: a aptidão emocional é uma meta-habilidade e determina como podemos utilizar qualquer outro talento, incluído o intelecto. (p. 56)

Desde Sócrates (470 a.C.-399 a.C.), nossa cultura ocidental tem colocado em um pedestal o raciocínio lógico-matemático, centrando a concepção de inteligência fundamentalmente na capacidade lógica e linguística das pessoas, desatendendo e até desvalorizando em ocasiões, muitos outros fatores que podem fazer diferença entre um médio e um excelente desempenho laboral.

Gardner (1983), insistindo na pluralidade do intelecto, propôs falar de inteligências múltiplas:

> De fato, é muito possível que o total seja maior que a soma das partes. Um indivíduo pode não ser particularmente dotado em nenhuma inteligência, contudo, por causa de uma particular combinação ou mescla de habilidades, pode ser capaz de cumprir uma função de forma única. (p. 44)

Seguindo a linha de pensamento poderíamos afirmar que para poder determinar ou predizer o êxito no desempenho de uma pessoa deveríamos nos afastar o máximo possível de certos enfoques unidimensionais da psicologia tradicional que tendiam a separar, no momento de estudá-los, o cognitivo, o afetivo e o psicomotor, assumindo que certos traços ou atributos podiam ser estáveis, próprios do indivíduo e independente do contexto em que este opera.

Assim, as competências, que são consideradas como constructos psicológicos, colocam-se desde o início como uma teoria multidimensional e ligada ao contexto prático em que se manifestam ou se expressam.

Quanto à probabilidade de fazermos uso delas como ferramentas com um valor preditivo de "êxito", seria conveniente nos determos no próprio conceito de êxito, já que seu valor e significado são relativos e, de maneira nenhuma, fechados.

Para algumas pessoas, alcançar o sucesso pode estar associado a conseguir um equilíbrio entre a vida pessoal e profissional, para outras pode estar relacionado ao dinheiro, fama, reconhecimento ou prestígio social. Para alguns, o sucesso consiste em converter-se em especialista em determinado assunto e transmitir esse saber. O que para uma pessoa representa o sucesso pode não ter nenhum valor para outra. Tampouco o que uma empresa ou organização considera êxito coincidirá necessariamente com o que representa para as pessoas que a integram. Por isso, falar de êxito em termos gerais pode ser algo complexo e pode conduzir a conclusões falhas.

A partir do ponto de vista do indivíduo, pode-se considerar o termo êxito como: a possibilidade de realizar plenamente sua função profissional e desenvolver o próprio potencial, alcançando resultados destacáveis juntamente com uma sensação de bem-estar e autorrealização pessoal.

Já do lado da empresa, o êxito provavelmente estará ligado à possibilidade de alcançar as metas propostas, estará mais ligado aos resultados do negócio. O êxito de uma organização com fins lucrativos habitualmente se mede em termos numéricos ou econômicos, ainda que não por isso a sua visão e a sua missão percam importância, pelo contrário, quando uma organização define sua missão e visão, o faz atravessada pela ideia de êxito e quando define as suas competências, o fará de acordo com a sua visão e a missão.

O que é uma competência?

Existem numerosas definições. Em termos gerais, poderia ser definida como uma característica pessoal que contribui para conseguir um excelente desempenho em um aspecto ou função específica dentro de um determinado contexto organizacional. Para Spencer e Spencer (1993, p. 9), "uma competência é uma característica subjacente em um indivíduo que está relacionada de forma causal com um desempenho eficaz e/ou superior em um cargo ou situação".

Estes autores (1993) introduziram o Modelo do *Iceberg* que representa, de uma maneira gráfica, como é e como funciona uma competência.

As competências são como um *iceberg*

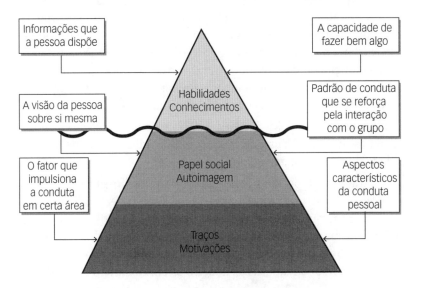

As habilidades e os conhecimentos localizam-se no pico e são mais fáceis de detectar e observar, mas podem não serem suficientes para garantir o ótimo desempenho profissional. Todo o resto do *iceberg*, que estaria por baixo da água, é o grande diferencial para o profissional conquistar o êxito e o sucesso em seu trabalho.

A habilidade, interpretada como a capacidade de desempenhar adequadamente certa tarefa, e os conhecimentos, que são os saberes adquiridos seja pela experiência ou educação (estudos acadêmicos, mestrados, idiomas etc.), foram tradicionalmente, por muitas empresas, o foco na hora de selecionar os recursos humanos, considerando que as pessoas com um bom desenvolvimento neste nível contariam com a motivação, a atitude e os valores necessários para levar adiante sua função de maneira exitosa. Contudo, a experiência prática vivida nas organizações tem demonstrado que este caminho não é o que conduz aos melhores resultados.

Voltando ao exemplo do *iceberg*, aquilo que estaria por baixo da água é o que realmente faz a diferença no desempenho das pessoas.

Para Spencer e Spencer (1993), em níveis mais profundos encontram-se o Autoconceito e a Papel Social. O Autoconceito é a imagem que a pessoa tem de si mesma, ou seja, sua identidade, como se vê, que valor se dá. Já o Papel Social relaciona-se com o padrão de comportamento que uma pessoa tem ao interagir com seu grupo e é este, justamente, que ao conhecê-lo lhe devolve sua imagem e reafirma sua função. Mais profundo ainda, na base, se apoiam os motivos, tendências naturais que funcionam como impulsores dos comportamentos das pessoas e seus traços de personalidade.

Segundo David McClelland (1987) existem três importantes sistemas motivacionais que mobilizam a conduta humana: necessidade de realização, de afiliação e de poder.

Para a psicóloga francesa, Claude Levy-Leboyer (1992), cujo enfoque é construtivista, as competências são repertórios de comportamentos que algumas pessoas dispõem ou dominam melhor do que outras, o que as torna mais eficazes para uma dada situação. Isto é, as competências são o resultado da combinação integral dos traços de personalidade, as aptidões e os conhecimentos técnicos.

Alguns autores diferenciam competências técnicas e competências de gestão. As competências técnicas são entendidas como habilidades e aptidões que são adquiríveis por meio do estudo ou da prática. Estas costumam ser mais fáceis de observar e aplicar na prática laboral. Já as competências de gestão, relacionam-se com traços, valores e atitudes mais profundos da personalidade. Se levarmos em consideração esta classificação, as competências de gestão são as competências em que focalizamos no presente capítulo.

As competências e as organizações

A partir da definição das suas próprias competências, uma organização pode planificar, gerenciar e desenvolver seus recursos humanos com o fim de alcançar a sua missão. Este processo requer um grande compromisso e envolvimento dos distintos níveis, muito especialmente, dos níveis de condução. As competências adquirem sentido à luz da cultura, ou seja, os valores e a maneira de ser e fazer da organização. O modelo de gestão por competência permite alinhar os recursos humanos com as estratégias.

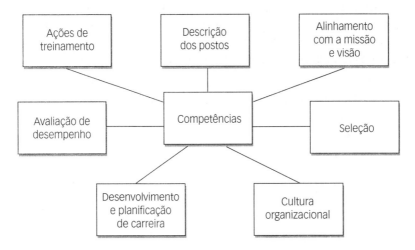

Se uma organização decide operar com um modelo de competências, o esperado é que seja ela mesma quem as defina. Portanto, cada companhia terá seu próprio dicionário de competências e a quantidade das mesmas variará de uma empresa para outra. Na minha experiência profissional pude apreciar uma faixa que oscila entre as oito e as dezessete competências.

Vários autores trabalharam na sua definição e classificação. Há aquelas que se denominam competências genéricas, que, em termos, gerais poderiam ser aplicáveis a qualquer organização. Isto habitualmente se dá quando existe a necessidade de realizar um diagnóstico ou planificar uma ação por meio de competências e a organização carece de competências próprias de gestão.

Além disso, ainda que cada organização costume definir suas competências de um modo estritamente vinculado à sua maneira de agir, é normal encontrar pontos em comum entre competências de uma organização e outra. Isso ocorre porque certos hábitos e valores são amplamente aceitos.

Para citar um exemplo, poderíamos considerar a competência "Orientação para Resultados". Além de sua definição e dos descritores de conduta associados ao ato de atingir metas, trata-se de uma competência que dificilmente se encontra ausente no dicionário de uma empresa. Quando se cria uma organização, a intenção primordial é de alcançar um objetivo. Alcançar ou não dependerá, em grande parte, da orientação para resultados que os seus integrantes têm. Seguindo com o mesmo exemplo, vejamos agora uma possível definição dessa competência e de seus descritores.

A Orientação para Resultados significa ter aptidão para definir e alcançar objetivos em um marco de excelência. Para tanto o executivo precisa:

- Estabelecer objetivos ambiciosos de curto e longo prazo, mantendo um alto padrão de qualidade na sua gestão;
- Estabelecer objetivos pessoais, profissionais e organizacionais que são compatíveis e que geram um equilíbrio efetivo entre o pessoal e o profissional;
- Buscar definir seus objetivos tentando superar-se constantemente;
- Exibir um claro sentido de urgência nas atividades relevantes para conseguir resultados;
- Utilizar indicadores para medir o progresso em seus objetivos;
- Persistir nos seus esforços para alcançar objetivos ainda na presença de obstáculos e adversidades;
- Ser consciente e dar prioridade à relação custo/benefício;
- Reconhecer problemas e oportunidades e agir apropriadamente;
- Assumir riscos calculados a fim de obter os esperados resultados, capitalizar oportunidades ou eliminar problemas.

As competências podem se definir por níveis, ou seja, em escalas graduais em que as condutas esperáveis vão sofisticando-se de acordo com o nível da atuação. Quando definimos as condutas esperadas relacionada com o "Pensamento Estratégico", por exemplo, é lógico esperar um baixo nível de desenvoltura em pessoas com funções meramente operativas (técnicos) e um máximo nível nos responsáveis (líderes) por conduzir a organização. Além disso, ao definir um posto, é necessário identificar quais são as competências críticas para o mesmo e quais competências podem ser convenientes, com menor grau de necessidade.

Vejamos um exemplo de competência definida por níveis.

Capacidade Estratégica:

Nível I

- Procura e oferece informação crítica desde o início com a finalidade de ganhar vantagem competitiva;
- Cria planos que conduzem a melhora do negócio;
- Prediz prováveis situações ou eventos que poderiam afetar o alcance de planos e objetivos;
- Antecipa-se aos problemas e identifica as coisas que podem chegar a sair erradas e adéqua sua resposta em função disto.

Nível II

- Transforma estratégias funcionais em metas e planos que trazem vantagens competitivas;
- Antecipa-se e prepara opções que sustentarão a operação;
- Realiza previsões cuidadosas e leva em conta a eventualidade;
- Investiga o entorno em busca de informação que possa ser relevante para alcançar os planos operativos.

Nível III

- Cria planos que geram vantagens competitivas por meio das melhores práticas;
- Retrata ou descreve cenários que informam decisões que se relacionam com a criação de melhores práticas;
- Capitaliza seu conhecimento com a finalidade de predizer quando adaptar a abordagem funcional;

- Realiza *benchmarking* para identificar as melhores práticas e assegurar a aplicação dos conhecimentos e desenvolvimentos mais atuais para a função.

Nível IV

- Determina práticas e planos de novos negócios desenhados para alcançar os desafios competitivos estratégicos do negócio;
- Transmite a imagem de novas estruturas e enfoques que geram um passo adiante na competitividade e desempenho do negócio;
- Mantém o foco externo na tendência da indústria e dos consumidores, o que permite realizar visões de vanguarda;
- Mantém e aplica uma ampla gama de conhecimento sobre tendências políticas, econômicas, sociais e tecnológicas para identificar novas oportunidades de negócios.

Além das competências já mencionadas, segue abaixo, para curiosidade do leitor, uma lista com as competências mais difundidas no contexto empresarial contemporâneo: Orientação ao cliente; Trabalho em equipe; Ajuste social; Adaptação à mudança; Criatividade/Gestão inovadora; Liderança; Visão de negócios; Relações interpessoais eficientes; Gestão negociadora; Impacto e Influência; Gestão de recursos humanos; Tolerância à pressão; Autonomia e Iniciativa; Responsabilidade social; Orientação a resultados; Pensamento estratégico.

Avaliação das competências

Um aspecto crítico, talvez um dos que apresenta um maior desafio e maior complexidade, é a avaliação das competências. Geralmente existem dois tipos de situações em que se realiza este tipo de avaliação: quando um chefe avalia o desempenho de um colaborador (avaliação de desempenho) e quando se avalia um candidato em um processo de seleção.

No primeiro caso, quando o avaliador é o chefe da pessoa, avaliar com base nas competências o desempenho de um colaborador do convívio diário pode ter suas dificuldades mais próximas ao risco de cair nas subjetividades. Alguns exemplos de critérios subjetivos são: empatia, antipatia, simpatia, interesses e outras questões que podem interferir na avaliação. Em contrapartida, um chefe bem treinado e com habilidade suficiente para manejar as competências e seus descritores, pode fazer uso de um repertório de condutas observadas durante um determinado período de tempo, ou seja, tem a possibilidade de obsevar se a pessoa age de acordo aos descritores comportamentais esperáveis para o posto.

Já no segundo caso, quando se avalia um candidato em um processo de seleção, o desafio que o psicólogo enfrenta é muito maior, pois além de ter que se familiarizar com as competências da organização, o qual é uma condição *sine qua non*, ele também deverá apelar para as ferramentas que permitam apreciar a presença e o grau de desenvolvimento das competências dentro de um tempo cotado e em um contexto delimitado.

Entre as diversas ferramentas existentes para auxiliar o psicólogo frente a um processo de seleção, a ferramenta mais apropriada do modelo das competências e a mais difundida foi idealizada por McClelland (1998), que criou uma entrevista por incidentes críticos ou eventos comportamentais (BEI Behavioural Events Interview) na qual se indaga sobre como a pessoa agiu em situações em que as competências deveriam ter sido colocadas em prática.

Outro recurso, porém de uso mais limitado, é o Assesment Center, que consiste em realizar atividades grupais de exposição, em que os participantes precisam realizar tarefas que estão diretamente relacionadas às competências a serem avaliadas. Esta ferramenta pode ser pouco favorável quando se deseja avaliar níveis médios e gerenciais. Entre outras razões, o alto nível de exposição ao que as pessoas são submetidas pode comprometer a qualidade da investigação. Outro aspecto polêmico pode ser observado diante de avaliações internas. É muito importante analisar *a priori* as vantagens e desvantagens da sua implementação, pois, em algumas ocasiões, estas atividades grupais podem mobilizar questões conflituosas latentes do entorno laboral, acentuar rivalidades e ser disparadores de situações das quais depois serão muito difíceis para voltar atrás, especialmente se considerarmos que as pessoas, no dia seguinte, deverão voltar aos seus trabalhos e continuar interagindo e produzindo.

Desse modo o Assessment Center é uma ferramenta que precisa ser utilizada de forma responsável e contextualizada. A prática profissional tem mostrado o que essa ferramenta tem de grande utilidade, principalmente quando o objetivo é selecionar pessoas, de hierarquia organizacional mais júnior, e que vão ingressar e incorporar os Programas de Jovens Profissionais. A prática profissional revela mais vantagens do que desvantagens para esses casos em especial.

Algumas considerações sobre a avaliação psicológica

Antes de entramos na descrição da técnica parece oportuno mencionar algumas questões que são importantes levar em conta no momento de encarar uma avaliação de competência.

A pessoa habitualmente se submete a uma instância de avaliação porque participa de um processo de seleção e este é um requisito necessário para poder aceder ao posto ao qual aspira. Contudo, existem outras instâncias na vida da empresa em que se aplica uma avaliação de competências, tais como:

- Planificação de Carreira
- Desenvolvimento
- Promoções
- Fusões e aquisições

Em todos os casos mencionados a iniciativa e a demanda não partem da pessoa que será avaliada e a avaliação pode ser encarada como um obstáculo a ser superado. A ideia de ser submetidos a uma avaliação costuma despertar ansiedade e, em casos mais externos, sentimentos persecutórios. Por isso, a comunicação clara e eficaz adquire uma importância enorme que pode transformar o que, em princípio, poderia ser sentido com ansiedade e incerteza em uma oportunidade de se fazer mais visível, de ser considerado e levado em conta a partir de uma perspectiva diferente dentro da organização.

A atitude e o profissionalismo do avaliador também costumam ser um fator crítico nesta instância. É importante ter presente que o funcionário ou candidato não escolhe o psicólogo como pode acontecer em uma situação de uma consulta clínica, vocacional etc. nem tem opção de recorrer a outro profissional caso este não cumpra com suas expectativas. Quem será avaliado não tem alternativa: deve deixar ser conhecido por uma pessoa que não conhece e que não tenha escolhido, e em uma situação na qual sente a necessidade de mostrar-se o melhor possível, deve "convencer" o psicólogo de que é a pessoa ideal para ocupar a posição.

A esta ansiedade, juntam outras variáveis próprias da situação de avaliação psicotécnica:

- O avaliado se sente submetido a uma situação de aprovação ou desaprovação.
- Pode ter a fantasia de estar competindo com outros rivais que não conhece.
- No caso dos *assessments* grupais, a pessoa se sente submetida a um nível de exposição muito grande.
- Sente a sensação de estar realizando um esforço emocional, de tempo e energia que, se não atingir o objetivo, se transformará em um esforço inútil. Este sentimento é ainda maior em pessoas que passaram por processos de avaliação e não obtiveram a posição a que aspiravam.
- Quando se administram provas projetivas gráficas, nas quais a tarefa é desenhar, o avaliado pode associar esse ato como uma atividade infantil, por isso é recomendável analisar sua aplicação ou não, devido ao incômodo que costuma ocasionar quando se trata de posições de alto nível hierárquico.

- No momento em que muitas das provas mobilizam aspectos mais profundos da personalidade, a pessoa sente que perde o controle da situação em relação ao modo, deseja "se mostrar".
- Quanto mais alto o cargo ocupado pela pessoa, maior costuma ser a resistência a ser avaliado e é por isso que, em muitas ocasiões, a experiência do avaliador adquire preponderância para conduzir a situação com sucesso.

Para tanto, em toda entrevista, é conveniente levar em conta alguns fatores que ajudam a diminuir a ansiedade do avaliado:

- Lugar tranquilo, sem barulho e interrupções.
- Conseguir que o entrevistado se sinta a vontade.
- Manter comportamentos não verbais adequados e consistentes com o que se diz.
- Manter uma atitude livre de preconceitos.
- Criar uma visão positiva da organização.
- Utilizar escuta ativa, perguntas concretas e entendimento da resposta.
- Aceitar a diversidade.

Obviamente o avaliador deve contar com toda informação necessária para assegurar o êxito da tarefa. Quando se faz uma avaliação por competências, deve-se levar em conta as demandas da posição em questão. O psicólogo deve conhecer quais são as competências críticas, quais as convenientes, e, claro, que níveis de desenvolvimento devem estar presentes para predizer o êxito da pessoa para ocupar a posição em questão.

É imprescindível se familiarizar com as questões que permeiam a função do posto; as responsabilidades; a localização da estrutura; a cultura organizacional, os conhecimentos, habilidades e experiências requeridas para o cargo e as expectativas futuras do cargo e da empresa.

Entrevista por eventos comportamentais – obtenção de evidências

Os fundamentos da técnica da entrevista por eventos comportamentais baseiam-se na afirmação que a melhor predição sobre as competências requeridas para um posto de trabalho é obter evidência de que essa pessoa tenha demonstrado essas competências no passado. É por isso que as perguntas são idealizadas com o objetivo de se obter informações que expressem os comportamentos do avaliado que ocorreram no passado; seus pensamentos e sentimentos relacionados com as competências indagadas.

Uma estratégia para obter essas informações poderia ser: "Pedirei que você me conte algumas situações ou circunstâncias que tenha vivido anteriormente no seu trabalho, centrando especialmente no papel que você teve nelas. O objetivo é conhecer o tipo de situações às que enfrentou ou teve que resolver no exercício da sua função, e saber como você agiu".

É importante formular perguntas claras e simples, motivando o entrevistado mediante o reconhecimento da sua habilidade de prover os detalhes necessários. Nossas perguntas devem conduzi-lo a comentar o que realmente fez, pensou ou sentiu em uma situação determinada. Por exemplo: O que você fez?; Qual foi o seu papel nisso?; O que opinava nesse momento?

Quando se avalia um candidato para cargos de alta responsabilidade é importante buscar o pensamento que está por detrás das ações. Por exemplo: Como chegou a essa conclusão?; Como soube o que fazer?; O que estava pensando nesse momento? Se o entrevistado puder lembrar, é positivo fazer que conte os diálogos que manteve em determinada situação, dando detalhes sobre o contexto em que teve que agir.

É fundamental fazer perguntas que conduzam ao que ele realmente fez e o afaste de comentários filosóficos, teóricos, abstrações, crenças e o famoso "nós fizemos". Quando uma pessoa responde a uma pergunta mencionando o que tem que fazer em tal ou qual situação e explicando seus pensamentos e ações com respaldo de teorias e crenças, ele está exibindo o seu conhecimento, o que se localizaria na parte mais visível do *iceberg*, mas o que o avaliador deve descobrir é justamente o que está por debaixo da água, o que verdadeiramente condiciona e mobiliza as condutas do que ele realmente faz nesse tipo de situações.

Quando um avaliado responde em primeira pessoa do plural, é também muito importante discernir o que ele fez e o que fizeram os outros. O "nós" às vezes impede conhecer que parte das ações foi realmente executada pelo entrevistado, além de favorecer inferências equivocadas.

Questões mais voltadas para o conhecimento dos sentimentos vividos durante algumas situações podem ser úteis, mas devem ser discretas e prudentes, pois a privacidade das pessoas é um princípio ético que deve ser respeitado. Para tanto, algumas perguntas podem ser utilizadas, a saber: Você poderia compartilhar comigo o que sentiu neste momento?

Outras perguntas ou frases que podem facilitar a tarefa de investigar os comportamentos emitidos no passado para predizer os comportamentos no futuro podem ser: Poderia me dar um exemplo disso?; Se eu estivesse ali, o que veria?; Descreva-me essa reunião, por favor?; O que você pensou nesse momento?; O que disse?; O que vem na sua mente como o mais importante nesse momento?; Pode lembrar alguma conversa importante?; O que sentiu?; Poderia me dar um exemplo de alguma vez em que você...?; Quais foram os pontos críticos ou chaves?; O que ele ou ela disse, o que você disse a ele ou ela?; Fale-me de... O que foi que o levou a isso?; O que aconteceu depois disso?; Você disse "nós", especificamente o que você fez?

Ainda que não se relacione de forma direta com a indagação de um evento comportamental pode ser de muita utilidade solicitar à pessoa uma análise da situação descrita: Que análise você faz agora dessa situação?

Em resumo, o psicólogo que conduz a entrevista deve propiciar descrições comportamentais detalhadas de como a pessoa agiu em situações específicas para obter uma visão completa do evento que se está indagando.

Com base nesse delineamento teórico, o psicólogo deve evitar:

- Aceitar generalizações: "Geralmente nós", "O que habitualmente se faz...";
- Aceitar respostas hipotéticas: "Eu teria feito...";
- Deixar passar muito tempo, quando não se está obtendo informação específica;
- Fazer perguntas sugestivas ou tirar conclusões do entrevistado durante a entrevista;
- Apossar-se de coisas que o entrevistado não disse;
- Colocar as competências na boca do entrevistado: O que você fez para "influenciá-los"? Se a competência neste caso é Impacto e Influência deveria formular a pergunta de outra maneira, por exemplo: "O que você disse? Como você agiu?

Competências. Provas projetivas. Neurociências

Avaliar competências, segundo o modelo teórico até então discutido é, definitivamente, estabelecer uma comparação sobre o grau em que se assemelha uma pessoa àqueles que são exitosos em uma posição determinada e um contexto determinado. Não se trata de comparar a pessoa, a partir de um grupo de referência (tabelas normativas) como acontece quando medimos o QI (referência quantitativa) de uma pessoa e sim com valores absolutos de êxito (referência qualitativa).

Situar uma pessoa dentro de uma escala de padrões absolutos, como são as competências e seus graus ou níveis, fica submetido à observação de condutas e ao relato que possa realizar a pessoa em relação a elas. A habilidade do entrevistador para conduzir a entrevista, detectando informação fidedigna, identificando contradições, incoerências, discursos baseados em teorizações, manipulação etc. adquire uma grande importância.

Por outro lado, muitos entrevistados, especialmente em níveis médios e altos, passaram por numerosas entrevistas deste tipo, alguns dispõem de um repertório de respostas prováveis, conhecem bastante o que é desejável de se dizer, e, claro, tentam passar a melhor imagem de si.

Em sociedades como a norte-americana, na quais não é permitida a administração de provas projetivas no âmbito laboral, a entrevista por eventos comportamentais e a administração de questionários de estilos e preferências facilitou a tarefa daqueles que, mesmo não sendo psicólogos, realizam avaliações.

Em contextos culturais diferentes, em que não existem restrições para a administração de provas psicométricas e projetivas, como, por exemplo, na Argentina e no Brasil, o uso da entrevista por eventos comportamentais é habitualmente associado a outros procedimentos investigativos.

Poder contrastar a informação colhida com provas mais profundas e projetivas permite entrar em uma dimensão mais global, mais integradora, que remete luz e resigna muito do que está sendo observado. Permite incluir matizes, compreender condutas e predizer o desempenho com maior quantidade de elementos de análise que respaldam ou refutam muitas hipóteses que vão surgindo ao longo do processo de avaliação.

Poderíamos nos manter fiéis ao modo original de avaliação de competências e sua ferramenta de entrevista por eventos comportamentais, restringindo-nos a um nível de abordagem centrado em um plano do eu e ligado ao observável. Se o fizéssemos assim, não deveríamos perder de vista que se trata de um modelo, uma abordagem da conduta humana com suas vantagens e desvantagens. Vejamos um exemplo: Supomos que estamos avaliando a competência "Efetividade nas relações interpessoais", em que a habilidade social, a capacidade para se relacionar com outras pessoas e a possibilidade de obter ações favoráveis dos outros indivíduos frente às próprias propostas é uma atitude-chave para indicar a presença desejável dessa competência. Agora, imagine se duas pessoas entrevistadas com a técnica de eventos comportamentais relatam, de forma genuína e sincera, situações sociais similares em que tiveram condutas também similares e, portanto, ambas são colocadas no mesmo nível de desenvoltura sobre essa competência. Contudo, a partir da administração de provas projetivas, pode-se inferir que uma delas desenvolve esse comportamento de maneira natural e se sente bem ao fazê-lo, enquanto a outra pessoa o faz contrafobicamente, apelando a um mecanismo de sobrecompensação frente à profunda angústia que as situações sociais geram nela.

Num primeiro momento, ambas as pessoas alcançam os mesmos resultados, ambas realizam a tarefa de maneira eficiente e sem problemas explícitos. Mas isso é suficiente? O psicólogo deve se contentar com o que é dito?

Os psicólogos, formados para compreender a saúde e a doença, sabem que quem age contrafobicamente sofre e enfrenta as situações aversivas com grande custo emocional e, em algumas ocasiões, com desgaste também físico. Assim, por mais que a pessoa sustente uma conduta sobrecompensatória, em algum momento a dose de energia e o equilíbrio podem apresentar fissuras. E, portanto, as possibilidades de continuar desenvolvendo de forma estável nesta competência é a mesma nas duas pessoas?

O aporte das neurociências é enriquecedor para abordar esse exemplo e também favorece a reflexão sobre outro ângulo de analise. As investigações sobre neurotransmissores corticais revelaram que os indivíduos possuem diferentes níveis de intercâmbio elétrico no cérebro. Quando uma região cerebral goza de uma dominância natural é devido à facilidade natural resultante de um menor nível de intercâmbio elétrico.

Quando um indivíduo trabalha utilizando sua preferência natural, suas funções cerebrais consomem menos quantidade de oxigênio do que quando utiliza funções que não se relacionam com suas dominâncias naturais. O trabalho de Richard Haier (1995, citado por Katherine Benziger, 2000) realizado em San Diego (EUA), sugere que o modo dominante é cem vezes mais eficiente quanto ao consumo de energia que os modos não dominantes. Ao contrário, quando um indivíduo trabalha de um modo não preferido, o esforço é capaz de consumir cem vezes mais energia metabólica. Estes achados abrem caminho para um entendimento mais profundo dos custos que deve pagar aquele indivíduo que desvia seu tipo regularmente, dia após dia.

A Dra. Katherine Benziger (2000) adverte que a preferência natural de uma pessoa muitas vezes é escondida pelas pressões do entorno. Muitas famílias, organizações, empresas e culturas costumam recompensar certos tipos de pensamento ao mesmo tempo que ignoram e castigam outros. Este desequilíbrio frequentemente faz que os indivíduos desenvolvam e utilizem uma grande parte de suas capacidades não preferidas. Este desenvolvimento das capacidades não preferidas tem suas consequências, por um lado, vai habitualmente em detrimento do desenvolvimento do próprio potencial e, por outro, representa no indivíduo um esforço extra que provocaria no futuro fadiga crônica, estresse, depressão, irritabilidade, menor produditivade etc.

Retomando o exemplo, poderíamos gerar planos e promover ações para incrementar o desenvolvimento desta competência, Efetividade nas Relações Interpessoais, possivelmente reforçando o que se localiza na parte superior do *iceberg*. Cabe lembrar que aquilo que se localiza nos estratos inferiores é o que apresenta maior dificuldade para ser transformado. Contudo, se utilizarmos o conhecimento proposto pela neurociência, não podemos ignorar que quanto mais alinhadas forem as nossas ações de treinamento e desenvolvimento de competências com as dominâncias naturais das pessoas, melhores resultados obteremos e maior bem-estar e plenitude com certeza elas conseguirão na realização das suas tarefas.

Trata-se de um jogo de retroalimentação que deve encontrar um equilíbrio entre pessoas e organização. Por isso, também é importante que as organizações definam suas competências em função de seu ser, saber e fazer.

Conclusão

As condutas humanas são complexas e multideterminadas e os avanços das ciências nos permitem a cada dia incorporar novas perspectivas e também corroborar outras mais antigas.

Ainda que as competências sejam definidas como multidimensionais, não devemos perder de vista que elas são um construto, um modo de abordagem dos comportamentos das pessoas, um recorte arbitrário de um universo. Fornecem uma solução, uma resposta a uma necessidade concreta do mundo das organizações, que amparadas por elas podem apoiar-se em um modelo compartilhado, uma linguagem que atravessa fronteiras, culturas, idiomas, em um mundo cada vez mais globalizado e veloz nas suas mudanças.

Estejamos ou não de acordo, nós que nos dedicamos a avaliar pessoas nas organizações, não podemos nos manter afastados do modelo e nem podemos ignorá-lo. Este modelo provavelmente, no futuro, será substituído por outro superador. Enquanto isso, cada vez mais as organizações se apoiam nele na medida em que fornece uma resposta para suas necessidades atuais e frente aos novos desafios que desencadeiam a partir da vertiginosa transformação tecnológica e o impacto que ela produz.

O conceito de competência e o modelo de gestão gerado a partir dele favorecem uma visão mais dinâmica, mais contextualizada das condutas humanas dentro das organizações, porém não deixa de ser um recorte, uma simplificação do objeto abordado.

Nós que nos dedicamos à avaliação dos recursos humanos, em mais de uma ocasião, sentimos a sensação de que talvez se exija da ferramenta mais do que ela pode fornecer. Dentro da complexidade do nosso objeto de estudo, muitas vezes as organizações exigem certezas e clasificações porque elas permitem organizar a realidade. Gera muita tranquilidade saber que uma pessoa conseguiu tal ou qual nível de competência ou que algum colaborador necessita desenvolver outra competência para se aproximar ao perfil definido para sua posição e assim ser exitoso na sua missão. Fala-se uma linguagem comum na organização que transcende fronteiras e culturas.

Contudo, a conduta humana mostra-se relutante a ser classificada e categorizada.

Para aqueles que trabalham com o modelo das competências, especialmente para nós que devemos avaliá-las, o desafio continua incerto e aberto. Em um mundo globalizado que tende à homogeneização, talvez o desafio seja achar um equilíbrio, um ponto de encontro e enriquecimento recíproco entre diferentes teorias, saberes e culturas.

Conseguir uma visão integral da conduta humana dentro das organizações, sem ignorar matizes, valores, idiossincrasias; achar um equilíbrio entre a complexidade e a simplificação que às vezes nos exigem, entre as teorias e o pragmatismo que o mundo empresarial reclama, parece ser o desafio a que devemos nos questionar e enfrentar nos dias de hoje. Talvez as competências sejam um primeiro ponto de partida.

Referências

Alles, M. (2004). *Gestión por Competencias: El diccionario*. Buenos Aires: Granica.

Benziger, K. (2000). *Maximizando la efectividad del potencial humano*. KBA The Human Resource Technology Company, U.S.A 2000.

Gardner, H., & Walters, J. (1993). Una versión madurada. In H., Gardner (Org.). *Inteligencias Múltiples*, 31-50. Buenos Aires: Paidós.

Goleman, D. (1999). *La inteligencia emocional*. Buenos Aires: Javier Vergara Editor.

Levy-Leboyer, C. (1997). *Gestión de las Competencias*. Barcelona: Ediciones Gestión 2000.

McClelland, D. (1973). Testing for Competencies rather than Intelligence. *American Psychologist, 28,* 1-14.

McClelland, D. (1987). *Human Motivation*. Cambridge: Cambridge University Press.

McClelland, D. (1998). Identifying competencies with behavioral-event interviews. *Psychological Science, 9*(5), 331-339.

Spencer, L. M., & Spencer, S. M. (1993). *Competence at work: Models for superior performance*. New York: John Wiley & Sons Inc.

PARTE II

Experiências de Sucesso

Capítulo 5

Procura-se um executivo

Sara Isabel Behmer

Na era contemporânea em que vivemos, as organizações estão cada dia mais complexas, e encontrar executivos qualificados é sempre um desafio. Vivemos o paradoxo em que muitos profissionais altamente qualificados estão à procura de um trabalho digno e que os realize, mas não conseguem encontrá-lo. Do outro lado, temos as organizações procurando profissionais e não os encontram. Parece que as organizações perderam a capacidade de identificar talentos.

Na década de 1990 as empresas tinham na sua estrutura grandes departamentos de recrutamento e seleção que contavam com uma equipe composta por muitos profissionais entre recrutadores, selecionadores para realizar as entrevistas e de psicólogos que avaliavam profundamente os candidatos. A seleção era feita com critérios altamente técnicos e os departamentos de seleção tinham um processo muito cuidadoso e vitorioso para se identificar o profissional adequado a uma função. Não raro podemos observar pessoas que naquela época evoluíam na organização e galgavam postos muito altos.

Entretanto, as organizações nestes últimos trinta anos sofreram mudanças profundas advindas do processo da globalização e da facilidade de transmissão de informações. A evolução tecnológica e principalmente a facilidade de transmissão de informações em tempo real oferecida pela internet modificou drasticamente a gestão das empresas. A partir daí inicia-se uma globalização de produtos e serviços e consequentemente uma facilidade de acesso a novas tecnologias. A grande oferta de produtos e serviços trouxe consigo uma competição por preços e uma queda na lucratividade da maioria das empresas.

As organizações por sua vez para recuperarem as margens de lucratividade e produtividade promoveram profundas reestruturações buscando economia de escala e excelência. Uma das estratégias para atingir tal meta foi a terceirização de serviços que poderiam ser prestados por outras empresa, sem prejuízo do produto final a ser entregue ao cliente. Uma das primeiras áreas a serem terceirizadas foi a área de recrutamento e seleção de pessoal, que por vezes ficavam ociosos nos momentos em que não se precisava contratar pessoas, foi então considerada cara e possível de ser realizada por terceiros.

Houve então uma reengenharia da área de recrutamento e seleção e ela foi simplificada e delegada aos gestores ou a empresas terceiras. As entrevistas passaram a ser feitas por pessoas leigas no assunto, a triagem passou a ser feita por filtros de *softwares*, a avaliação psicológica deu lugar a avaliação por competências, ou apenas a provas situacionais. Modificou-se, portanto, a forma de selecionar profissionais.

Hoje muitas empresas não possuem processos ou mecanismos de seleção eficazes para identificar as qualidades necessárias nos profissionais para terem sucesso nas suas funções. Lamentavelmente, podemos afirmar que hoje temos muitas situações desastrosas e equivocadas em que o profissional selecionado não atende às exigências do cargo e o profissional adequado foi preterido no processo seletivo.

Atualmente, as empresas procuram profissionais ultra qualificados e, portanto, optam por não correr o risco de treinar ou trazer alguém semipronto para a função, mesmo sabendo que o profissional descartado talvez tivesse a possibilidade de ter um desempenho excepcional na medida em que fosse aprendendo o novo trabalho. O fato é que perdeu-se a humanização nos processos de seleção e as empresas buscam o profissional perfeito e se esquecem que o homem ou mulher são seres em constante desenvolvimento e que combinam simultaneamente inúmeras qualidades com algumas imperfeições plenamente administráveis.

Dessa forma, um processo seletivo eficiente deve avaliar não só a habilidade técnica de um profissional para ocupar um determinado cargo como também deve mensurar outras competências que podem ser desenvolvidas e lapidadas pelo profissional. Somente um processo de seleção criterioso e que faz uso de metodologias científicas é capaz de identificar tais competências com assertividade, indicando qual candidato possui determinadas características, habilidades e competências que o distingue dos demais.

Nesse contexto, a atividade de recrutamento e seleção é extremamente estratégica para o sucesso da contratação de um profissional, pois se não temos as pessoas certas nada funciona, entretanto, nem sempre o processo de seleção é visto e tratado como estratégico, por vezes ele é tratado de forma leiga em que se têm erros e acertos. Um processo de seleção no qual não são utilizadas técnicas científicas pode trazer graves prejuízos a todos os envolvidos, incluindo a empresa contratante que investiu no novo integrante da sua organização e o profissional contratado que assumiu um novo trabalho sem ter condição de realizá-lo. Um processo de seleção adequado e que emprega métodos científicos para identificação das qualidades e habilidades dos candidatos e, portanto, reduz drasticamente as possibilidades de erros, é realizado por profissionais preparados, que sabem identificar com propriedade as exigências do cargo e se utilizam de uma metodologia válida e confiável para mensurar as competências presentes e futuras do candidato à nova função.

Conceito de competências proposto por uma consultoria especializada em recrutamento e seleção

A VOYER International é uma consultoria de *executive search* que foi desenvolvida por ex-executivos de grandes multinacionais os quais sempre defenderam a natureza estratégica da atividade de recrutamento e seleção. A VOYER International desenvolveu uma metodologia para seleção de executivos para que o processo seja rápido e assertivo. Uma das partes dessa metodologia é o mapeamento de competências, que considera que cada executivo possui um rol de competências que o faz único. A experiência em processos de seleção por mais de cinco anos levou aos idealizadores da Voyer a classificar as qualidades de um executivo em nove competências básicas, das quais algumas podem estar em maior evidência e outras podem necessitar de estímulo para serem percebidas. Estas competências são:

1. **Impacto Pessoal**

   Capacidade de projetar uma imagem positiva dentro e fora da organização, gerando uma atitude favorável para ele mesmo e suas propostas.

2. **Liderança Visionária**

   Capacidade de orientar o grupo humano e o negócio de acordo com os cenários futuros. Demonstra ser um elemento integrador e unificador que estimula nos demais uma firme identificação com a visão, objetivos e valores da Companhia.

3. **Pensamento Estratégico**

   Atitude para analisar os fatos e consequências desses fatos a partir de uma perspectiva integradora, holística e ao mesmo tempo sistemática. Implica também a possibilidade de identificar fatores ou variáveis que não estão relacionados de maneira evidente.

4. **Interdependência**

   Relaciona-se com a capacidade de compreender a importância e os benefícios da complementaridade e do cooperativismo dos diferentes integrantes da companhia.

5. **Inovação**

   Habilidade para transcender premissas, esquemas e modelos normalmente aceitos, descartando e incorporando diversos elementos até chegar a um paradigma superador.

6. **Flexibilidade**
   Capacidade de modificar, ajustar e adaptar com sucesso seu comportamento de acordo com as mudanças no ambiente.
7. **Orientação ao Cliente**
   Capacidade de orientar as ações e esforços para o atendimento integral do cliente.
8. **Orientação a Resultados**
   Aptidão para definir e atingir objetivos num contexto de excelência.
9. **Gestão de Recursos Humanos**
   Capacidade para trabalhar com diversas ferramentas de gestão que permitam um eficaz aproveitamento dos recursos humanos da organização.

A VOYER International defende o conceito de que os executivos devem ser avaliados por metodologias científicas capazes de investigar estas nove competências, verificando quais delas estão fortalecidas, quais precisam de estimulo para estarem operantes e quais precisam ser administradas. Esta investigação possibilita fazer um prognóstico da postura do executivo e, portanto, identifica os comportamentos que o executivo irá apresentar em determinadas situações. Esse processo de identificação das competências é chamado de *assessment* e ele é considerado uma forma rápida de avaliar o comportamento do profissional, diferente da observação do dia a dia, que pode demorar meses ou anos.

Ao que se refere às competências fortalecidas pode-se dizer que são aquelas que o executivo apresenta em suas atitudes no dia a dia de seu trabalho e são facilmente percebidas por todos que convivem com o executivo. Pode-se citar como exemplo a competência 'orientação a resultados', em que a postura mais forte de um executivo é a definição de metas e a busca de maneiras diversas de atingir tais metas. A competência que precisa de estímulo é aquela que o executivo tem latente em sua estrutura mental, porém por algum motivo não está sendo utilizada. O 'pensamento estratégico', por exemplo, pode ser uma competência pouco presente na dinâmica de um executivo que esteja trabalhando em organizações muito estruturadas e que não permitem ações fora daquelas previamente determinadas, neste caso ele pode apresentar potencial para essa competência, precisando apenas de um estimulo externo para aflorar aquilo que já existe nele. Já a competência que precisa ser administrada é aquela que está pouco desenvolvida e que o executivo tem dificuldade para exercê-la. Neste caso o indicado é que ele encontre uma maneira externa ou artificial para suprir a ausência desta competência. Por exemplo, um executivo que tenha a competência 'inovação' pouco presente, uma solução artificial é ele pedir sugestões a seus colegas quando precisar ter ideias inovadoras.

Podemos dizer que um *assessment* contribui para identificar as qualidades de um executivo e é uma excelente ferramenta de gestão do desenvolvimento organizacional, pois revela informações para a organização e para o participante. O *assessment* é um processo de avaliação individual e que viabiliza conhecer aspectos sobre a dinâmica de personalidade dos executivos, considerando fatores cognitivos, emocionais, interpessoais e de autopercepção. Os dados são gerados por técnicas projetivas de personalidade e analisados de forma integrada, relacionando as características do candidato com os possíveis cenários profissionais que favorecem ou dificultam sua atuação profissional. Após finalizar o processo de seleção, todos os candidatos têm direito a uma entrevista devolutiva com o psicólogo. Na entrevista, o psicólogo entrega um laudo igual ao fornecido para empresa, e discute sobre as informações com o candidato. A partir desse encontro o participante pode aprofundar o entendimento de seu próprio perfil profissional (competências, interesses, motivações) assim como seus objetivos de curto, médio e longo prazo.

Um executivo bem-sucedido

Nos anos em que vivemos, as organizações estão muito complexas, pois as empresas têm uma atuação em muitos países, chamamo-nas de empresas globais, desta forma, as empresas operam em mercados de vários países, o que chamamos de competição global, e estão expostas a várias oportunidades de negócios, tais como competição, fusões e aquisições. Ao funcionar globalmente as organizações recebem influencia de várias culturas o que gera uma complexidade crescente nos relacionamentos entre pessoas, nos códigos de conduta e na maneira de liderar uma organização.

A figura do líder nas organizações sempre despertou interesse dos estudiosos. Muitas são as teorias sobre liderança e entende-se que o objetivo de todo e qualquer líder é entregar o resultado prometido e esperado. Esse líder tem que administrar o poder compartilhado, a equipe reduzida, a pressão por resultados, as profundas mudanças tecnológicas, a vida curta dos produtos, e o exponencial volume de informação.

As organizações na sua maioria procuram por profissionais capazes de ter uma ação em vários países, isso significa que o executivo precisa ter um pensamento aberto para interagir com outras culturas e para poder considerar aspectos relevantes do seu país e de outros países na tomada de decisão. A flexibilidade de seu pensamento e comportamento permite que o executivo fique confortável e saiba desfrutar da diversidade cultural, favorecendo o bom relacionamento com profissionais de outras culturas, raças e religiões.

O interesse pelo desconhecido e pelo diferente aflora no executivo/líder a disposição para se mudar de cidade ou país; construir alianças e parcerias para facilitar a implementação de estratégias; ser capaz de compartilhar a liderança e consultar colegas nas tomadas de decisão. Por fim, a visão globalizada do executivo possibilita o desenvolvimento e a implantação de novas tecnologias que podem reduzir os custos e beneficiar a empresa em que trabalha. Além de tudo isso, o líder precisa saber atuar com cortesia e bom humor. Dessa forma, a liderança é uma competência essencial para o sucesso de um profissional que deseje estar à frente de um negócio e dirigindo pessoas.

Embora haja muitas pessoas buscando definir liderança e haja muitas formas de definir esse conceito, há algo em comum em todas as definições, vejamos. Robbins (1999) apresenta uma visão completa e atual da evolução das teorias de liderança:

> Liderança envolve um processo de influência, as diferenças tendem a centrar-se em torno de se a liderança deve ser não coercitiva (o oposto de usar autoridade, recompensas e castigo para exercer influência sobre os seguidores) e se é distinta de gerenciamento. (p. 219)

Segundo Schermerhorn (1999), a liderança é um caso especial de influência, que faz com que uma pessoa ou grupo façam o que o líder quer que seja feito. Ele se refere a dois tipos básicos de teorias de liderança, a liderança tradicional e a liderança contemporânea. A tradicional inclui a abordagem das características, do comportamento e da contingência situacional; a contemporânea enfatiza a combinação do carisma, da visão e da mudança.

Já Jesuíno (1996), por sua vez, declara que:

> Os estudos sobre liderança acham-se repartidos em termos globais entre duas grandes classes. A primeira consiste na identificação dos traços ou comportamentos característicos dos indivíduos de autoridade legal ou formal para dirigir os outros. A designação consagrada na literatura para tais indivíduos é a de líderes formais. A segunda examina os traços e comportamentos dos indivíduos que exercem maior influência em grupos de tarefa (task groups) para os quais não se procedeu previamente a uma designação formal do líder. Tais indivíduos são designados por líderes emergentes. (p. 55)

É oportuno colocar que gerenciamento e liderança são diferentes papéis. Robbins (1999) defende que, para uma organização ter sucesso, precisa do exercício dos dois papéis, pois eles apresentam características diferentes, ainda que complementares. O referido autor comenta que "líderes e gerentes são tipos de pessoas muito diferentes, eles diferem em motivação, história pessoal e no modo de pensar e agir" (p. 219). O mesmo autor neste mesmo capítulo apresenta um estudo de John Kotter (1990) em que este defende que muitas organizações são pouco lideradas e muito gerenciadas. Afirma que a característica do gerente é manter o *"status quo"*.

Precisamos nos focar mais em desenvolver a liderança nas organizações, porque as pessoas de hoje estão muito preocupadas em manter as coisas no organograma e dentro do orçamento e em fazer o que foi feito ontem, fazendo apenas 5% melhor. Citado por Robbins. (1999, p. 219)

Os líderes, por suas características, são fundamentais para dirigir as pessoas em direção à realização de metas, pois eles vão além do usual e trazem resultados que os gerentes não são capazes de produzir. Robbins (1999, p. 219) destaca as características que diferenciam gerentes e líderes, esquematizadas no Quadro 1, a seguir.

Quadro 1 Características de gerentes e líderes

GERENTES	LÍDERES
Gerentes tendem a adotar atitudes impessoais, às vezes até passivas, em relação a metas.	Líderes têm uma atitude pessoal e ativa em relação a metas.
Gerentes tendem a ver o trabalho como um processo de possibilidades envolvendo algumas combinações de pessoas e ideias, interagindo para estabelecer estratégias e tomar decisões.	Líderes trabalham em posições de alto risco – na verdade, eles estão, em geral, temperamentalmente dispostos a buscar risco e perigo, sobretudo quando a oportunidade e a recompensa parecem altas.
Gerentes preferem trabalhar com pessoas: eles evitam atividades solitárias porque elas os tornam ansiosos. Eles relacionam-se com as pessoas de acordo com o papel que estão representando numa sequência de acontecimentos ou um processo de tomada de decisão.	Líderes, que estão interessados em ideias, relacionam-se com as pessoas de maneira mais intuitiva e com empatia.
O bom gerenciamento traz ordem e consistência ao se projetarem planos formais, planejar estruturas organizacionais rígidas e acompanhar os resultados dos planos.	Liderança é lidar com mudança. Líderes estabelecem direção desenvolvendo uma visão de futuro; então eles incluem as pessoas comunicando a elas essa visão e inspirando a vencer obstáculos.

A definição de liderança que mais traduz as necessidades atuais e a proposta por Robbins (1999, p. 219), sendo "Liderança é a capacidade de influenciar um grupo em direção à realização de metas".

A mulher executiva

A mulher apresenta características de liderança inatas, entretanto muitas mulheres são contidas pelas estruturas sociais, nas quais os homens limitam as ações das mulheres.

Nesta época contemporânea em que vivemos, a mulher está exposta a uma crescente demanda de compromissos sociais, familiares e profissionais, fruto da crescente complexidade dos acontecimentos no mundo em geral, além da necessidade de contribuir com a renda familiar. Observamos, então, um reduzido tempo para seu desenvolvimento pessoal e profissional. Somado a tudo isso temos uma sociedade que impõe determinados padrões de beleza utópicos tais como ser alta, magra, cabelos longos e lisos etc. Em meio a tantas exigências e a tantos papéis desempenhados, o entendimento das características da mulher é um importante passo para se ter sucesso pessoal e profissional.

A mulher geneticamente tem qualidades únicas que a diferenciam dos homens, ela tem uma morfologia que lhe confere recursos diferentes dos homens. Ela tem a função nobre de gerar e alimentar filhos. A mulher desempenha muitos papéis e por vezes simultâneos, tais como filha, mãe, esposa, amante, educadora, compradora, nutricionista, decoradora, estilista, conciliadora e provedora financeira.

Em uma visão antropológica, desde o inicio da história, era a mulher quem cuidava da família enquanto o homem saía para procurar alimentos. O homem era o provedor de recursos e a mulher a gestora dos recursos. A mulher desenvolveu habilidades multitarefas, enquanto os homens tinham atividades monotarefas. A mulher preocupava-se com o todo e o homem tinha um foco único.

O modelo mental feminino, portanto, tem competências que podem ser observadas na postura das mulheres tais como: multitarefa – isto é a habilidade de se dedicar a várias tarefas simultaneamente; intuição – ela tem a capacidade de perceber tendências e fazer deduções corretas de acontecimentos futuros, mesmo quando esta exposta a poucas informações ou estímulos; propósito maior – sempre ter um objetivo nobre na realização de uma atividade; senso de estética, pois a mulher sempre busca uma harmonia visual em tudo que faz, desde a escolha de uma vestimenta à elaboração de uma refeição; cooperação, outra característica marcante, está sempre disposta a ajudar ao outro; cuidados com a saúde, para manter-se bela, forte e jovem para atrair o homem, e, por último, corre riscos emocionais, coragem para falar o que pensa sem medo de lidar com situações emocionalmente desafiadoras.

O homem tem um modelo mental que é caracterizado por posturas tais como: monotarefa, o homem consegue dedicar-se a apenas uma atividade por vez; razão, para ele é muito mais frequente tomar uma decisão baseada na razão do que na intuição: lógica, ao realizar uma tarefa ele se preocupa com as relações de causa e efeito e por vezes esquece o objetivo maior; o senso de funcionalidade se sobrepõe ao senso de estética, exemplo: se ele vai comprar um utensílio para sua casa, por vezes, compra um ítem que não tem qualquer harmonia com os demais na sua casa e se preocupa apenas com a utilidade; competição, os homens são competidores em tudo; descuido da saúde, poucos homens tem disciplina para cuidar da sua saúde, frequentemente eles precisam de uma mulher para lembrá-los disso: corre risco físico, os homens tem facilidade para esportes radicais, corridas de carros, lutas etc., mas muitas vezes não tem coragem para falar o que pensam.

A seguir vamos abordar as características da mulher e compará-las com a dos homens.

Quadro 2   Modelo mental feminino e masculino criado por Sara Behmer

MODELO MENTAL – FEMININO	MODELO MENTAL – MASCULINO
Multitarefas	Monotarefa
Intuição	Razão
Propósito maior	Lógica
Senso de estética	Senso de funcionalidade
Cooperação	Competição
Cuidados com saúde	Descuido da saúde
Corre risco emocional	Corre risco físico

Quando consideramos a mulher na sociedade, constatamos que, nos primórdios, em função de sua fragilidade física a mulher ficava restrita ao ambiente familiar e, enquanto os homens, como já nos referimos, eram os provedores de recursos para suas famílias, a mulher tinha uma exposição limitada a novos estímulos. Seu relacionamento social era controlado pelos homens, porém a mulher sabiamente usava, e continua a usar, suas qualidades para conquistar de seu espaço. Hoje a conquista de recursos não depende mais unicamente da força física e a possibilidade da mulher contribuir no suprimento de recursos para a família a fez sair da sua condição de dona de casa para a condição de profissional, entretanto, por ela não poder abandonar seu papel de mãe, acabou assumindo o papel familiar e o papel profissional.

Se considerarmos as características do modelo mental feminino, descrito anteriormente, podemos dizer que a mulher tem um papel vital no equilíbrio da sociedade, pois no meio social ela tem um papel importante ao proteger e manter a família. Para tal, ela realiza atividades como: mediadora de conflitos, educadora dos filhos, decoradora da casa, estilista de moda, cozinheira, motorista, compradora, nutricionista, enfermeira, faxineira, arrumadeira etc.

A visão holística e posicionamento da mulher vêm expandindo este papel do lar para as comunidades. A mulher sempre lutou pela paz, historicamente ela sempre apresentou uma grande participação nas obras de benfeitorias sociais.

A conquista da liberdade e o acesso à educação reforçam a habilidade da mulher de lidar com situações complexas e desafiadoras, em prol de um mundo melhor. É reconhecida a contribuição da mulher para o sucesso das organizações.

Pouco a pouco a mulher vem crescendo no mercado de trabalho, e sabe-se que o maior conflito está entre dedicar-se a sua família e simultaneamente dedicar-se a sua carreira profissional.

Um levantamento realizado pelo Instituto Nacional de Estudos e Pesquisas Educacionais (INEEP), em 2010, revelou que as mulheres representam maior parte do grupo da população do país que não estuda nem trabalha, muitas vezes em função do casamento e da maternidade. Segundo a pesquisa, 3,4 milhões de jovens com idade entre 18 e 24 anos se enquadram neste perfil, o que representa 15% desta faixa etária. De 3,4 milhões, 1,2 milhão concluiu o ensino médio e abandonou os estudos, bem como não ingressou no mercado de trabalho. De acordo com o Inep, quase 75% deste total são mulheres.

Entre as mulheres com idade entre 18 e 24 anos que estudam ou trabalham, o percentual das que têm filhos é cinco vezes menor. De acordo com a pesquisa, o balanço é prova de que há uma forte relação entre casamento ou maternidade e o abandono dos estudos ou do emprego por parte das mulheres.

Gráfico 1 Crescimento da mulher no mercado de trabalho

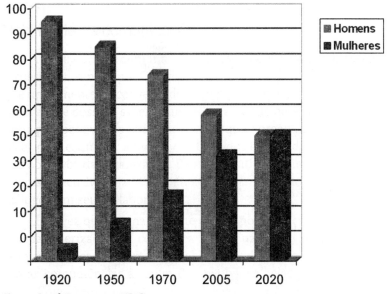

Fonte: Prof. Rossetti – FDC.

Como podemos observar no Gráfico 1, a expectativa é que nos próximos dez anos se tenha o mesmo número de homens e mulheres nas atividades profissionais.

O crescimento da mulher no mercado de trabalho está associado a sua facilidade de terceirização de suas atividades doméstica e ao aumento do seu nível cultural. As mulheres que se dedicam a sua carreira procuram manter equilíbrio entre o papel profissional e o papel familiar, entretanto nem todas conseguem manter este equilíbrio, o que as leva a abandonar o papel de esposa e mãe.

O interessante é entendermos porque isso ocorre, então vejamos: segundo estudos antropológicos, um fator importante para se entender como fazer o equilíbrio entre vida pessoal e vida profissional é entendermos a percepção do tempo.

Segundo Comas D'Argemir (1995), os homens têm uma percepção segmentada do tempo, o que implica em certa facilidade para separar o tempo de trabalho (identificado com o emprego) e o resto do tempo (identificado com o ócio). Isso está relacionado com os primórdios da evolução da humanidade em que o homem saía para caçar e quando voltava ao lar com sua caça não tinha mais nada para fazer. Esta cena se repetia nas lutas e nas guerras.

Isso implica que, na prática, no momento em que o homem não está em sua atividade profissional, ele entende que é o momento de descanso e, portanto, não há nenhum trabalho a ser feito, mesmo na sua casa.

As mulheres têm uma percepção contínua do tempo, que é resultado de haverem sido socializadas na responsabilidade das tarefas do lar que são tarefas que supõem simultaneidade. "O trabalho doméstico é por definição um trabalho contínuo, que não termina nunca, porque sempre existem coisas a serem feitas e porque cada atividade reinicia no exato momento que terminou". Segundo Comas D'Argemir (1995 citado por Strey, 1997, pp. 66-67).

Desta forma, mesmo exercendo uma atividade remunerada, as mulheres continuam se ocupando das tarefas domésticas, enquanto que para o homem estas tarefas são consideradas mais uma opção, uma ajuda, do que uma responsabilidade.

Esta visão contínua do tempo leva as mulheres a terem inconscientemente dificuldade para encontrarem tempo para estudar e se preparar para os desafios profissionais.

Uma alternativa para a mulher reduzir sua atividade doméstica e gerar tempo para se desenvolver é a terceirização da atividade doméstica com serviços contratados ou compartilhá-la com outros membros da família.

Para que a mulher possa ter sucesso na sua vida profissional ela precisa terceirizar suas tarefas domésticas com eficácia. Ela precisa ter alguém que cuide das crianças, da casa e seus respectivos afazeres. Os afazeres domésticos estão cada vez mais simplificados e automatizados, o que facilita em muito a vida das mulheres, mas encontrar pessoas que possam cuidar dos filhos pequenos com competência para tal ainda é o maior desafio. Em se falando de questões profissionais, uma solução seriam as creches nas empresas.

No âmbito organizacional, as mulheres que conseguem transpor os limites machistas são as mulheres empreendedoras, elas caracterizam-se por apresentar determinadas tendências do comportamento gerencial, os quais podem ser apresentados em quatro dimensões, a saber: objetivos, estrutura organizacional, estratégia e estilo de liderança.

Na formulação dos seus objetivos a mulher considera aspectos culturais e sociais, segurança e satisfação no trabalho, satisfação dos clientes, responsabilidade social. Seus objetivos são claros e difundidos.

Ao desenhar estruturas organizacionais a mulher apresenta ênfase na cooperação, baixo grau de formalismo, busca de integração e de boa comunicação, prefere a descentralização. Na formulação de estratégia, a mulher caracteriza-se como tipo inovativa, busca de qualidade, busca de sobrevivência e crescimento, busca satisfação geral.

O estilo de liderança é cooperativo e integrador que se destaca pelo poder compartilhado, esforço em motivar a equipe, valorizar o trabalho das pessoas e também pela atenção às diferenças individuais.

Enquanto líder, a mulher executiva apresenta características distintas que lhe conferem grande eficácia, características estas que são fruto da evolução da mulher desde seus primórdios. Estas características estão valorizadas no mundo contemporâneo, são elas: objetivo maior a mudança, a mulher sempre está procurando fazer algo novo e melhor; facilidade para fazer perguntas sem medo de se sentir ridícula; facilidade para ensinar; valoriza a criatividade, gosta de novidades; tem flexibilidade para lidar com situações inusitadas, preocupa-se com o todo e com todos.

Quadro 3 Comparação entre gerenciamento tradicional e liderança feminina

GERENCIAMENTO TRADICIONAL	LIDERANÇA FEMININA
Objetivo: Controle	Objetivo: Mudança
Sabe todas as respostas	Formula as perguntas certas
Limita e define	Capacita
Impõe disciplina	Valoriza a criatividade
Hierarquia	Rede
Arquétipo do militar	Arquétipo do Educador
Rígido	Flexível
No alto	No centro
Mecanicista	Holístico

Fonte: Aburdene e Naisbitt, 1993.

Pesquisas recentes apontam que, em muitos países do mundo, cresce exponencialmente o número de mulheres em postos diretivos nas empresas. No Brasil temos um estudo da revista Época em maio 2008, que aponta uma tendência positiva da evolução das mulheres em cargos de direção. Hoje muitas organizações tem programas especiais para estimular a participação da mulher em cargos de liderança, pois entendem que as características da liderança feminina são benéficas aos resultados das organizações.

Gráfico 2 Evolução feminina: participação das mulheres em cargos mais elevados

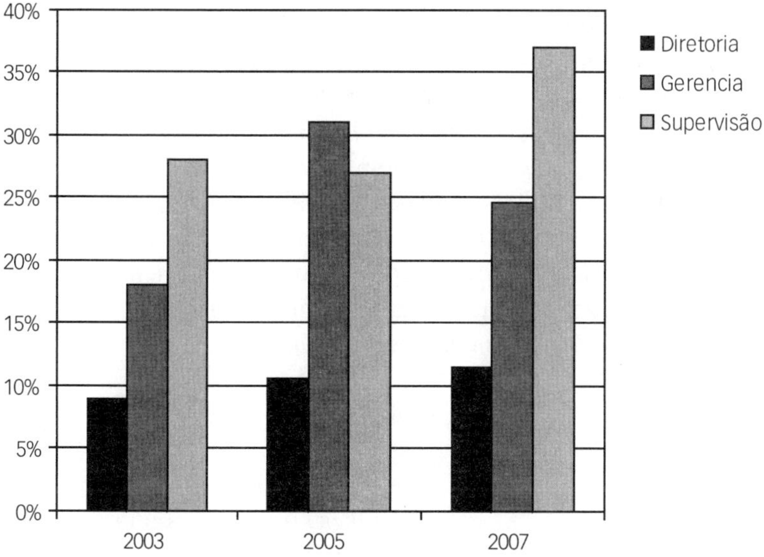

■ Diretoria
■ Gerencia
□ Supervisão

2003   2005   2007

Fonte: Época Negócios, 12. ed., 13 fev. 2008.

Conclusão

No mundo contemporâneo, temos uma grande oferta de profissionais e do outro lado uma dificuldade de encontrar as pessoas certas para as posições certas. Um processo de recrutamento e seleção competente pode acelerar a identificação de talentos nas organizações. Entender quais competências são essenciais e quais competências podem ser desenvolvidas ou administradas é um caminho para se encontrar executivos com potencial de sucesso nos processos de seleção. Isso nos permitirá, com maior segurança, oferecer um trabalho a profissionais que usualmente seriam preteridos.

Outro fator é a reforma de gestão, de tal sorte que se passe a dar oportunidade às pessoas com potencial, mesmo que estas estejam parcialmente habilitadas ao novo desafio, mas que com algum incentivo e exercício na função possam se desenvolver e apresentar resultados, esta é uma iniciativa apoiada por "Bill Fischer, 2010" professor de gestão de tecnologia no IMD durante sua última conferência no Brasil na HSM em agosto de 2010.

Temos muitos executivos homens, porém a mulher que se lança no papel profissional tem obtido sucesso nessa empreitada, pois ela apresenta características que são adequadas para se obter resultados no mundo contemporâneo. A mulher que reconhece, valoriza e utiliza-se de suas qualidades inatas, tem sucesso profissional. Quando a mulher está em plena utilização de suas potencialidades, ela tende a ter uma gestão humana, valorizando resultados sustentados, isto tem sido um diferencial, pois proporciona organizações mais humanizadas e duráveis.

Referências

Aburdene, P., & Naisbitt, J. (1993). *Megatendências para Mulheres*. Rio de Janeiro: Rosa dos Tempos.

Brush, C., & Bird, B. J. (1996). *Leadership vision of successful women entrepreneurs: dimension and characteristics*. Frontiers of Entrepreneurship research. Wellesley Mass.: Center for Entrepreneurial Studies, Babson College, 100-101.

D'Argemir, Dolors Comas (1995). Trabajo, genero, cultura: La construccion de desigualdades entre hombres y mujeres, Spanish Edition.

Fischer, W. (2010). *Palestra "Uma janela para o novo".* Congresso Nacional de Recursos Humanos, São Paulo.

Jesuíno, Jorge C. (1996). *Processos de Liderança*. Lisboa: Livros Horizonte.

Moore, D. P., & Buttner, E. H. (1997). *Women Entrepreneurs.* London: Sage Publications.

Nanus, B. (1992). *Visionary Leadership: Creating a compeling sense of direction for your organization*. United States of America: Jossey-Bass.

Robbins, S. P. (1999). *Comportamento Organizacional*. 8. ed. Rio de Janeiro, RJ: Editora LTC – Livros Técnicos e Científicos.

Rosenburg, C., & Spotorno, K. (2008). O que elas querem para ficar. *Época Negócios*, 12.

Schermerhorn, Jr, J. R., Hunt, J. G., & Osborn, R. N. (1999). *Fundamentos do Comportamento Organizacional.* Porto Alegre: Bookman.

Streey, M. N. (1997). A Mulher, seu Trabalho, sua Família e os Conflitos. In Strey, M. N. (Ed.) *Mulher, Estudos de Gênero*. São Leopoldo: Editora da Universidade do Vale do Rio dos Sinos.

Capítulo 6

O que sobra é talento. Como os processos rigorosos de seleção podem garantir pessoas adequadas para as empresas?

Roberto Vola-Luhrs

O presente capítulo traz reflexões oriundas das minhas experiências pessoais e profissionais. Nas páginas que se seguem, irei fazer algumas ponderações de temas que me permearam nesses anos e que, agora, tenho a oportunidade de compartilhar com um número maior de pessoas.

Em alguns momentos, leitor amigo, você poderá me considerar repetitivo. Mas permita-me, ainda assim, repetir até o cansaço as ideias que considero pertinentes de serem discutidas. Ao ler minhas contribuições, sugiro que não se prendam a superficialidade e busquem relacionar o meu relato com a sua experiência pessoal e profissional, só assim você conseguirá compreender a profundidade do que quero compartilhar.

Optei por transcrever temas que estão intimamente ligados entre si e que são fundamentais para sucesso do negócio e desenvolvimento profissional. Assim, iremos refletir sobre Talento, *INplancement* e a compreensão de que cultura não é clima organizacional, mas converge e impacta no dia a dia.

Talento

O que é o talento? Não demorei em descobrir que é uma pergunta difícil de responder. Repeti essa pergunta por vezes, procurando a resposta em diferentes fontes. Busquei a informação com minha equipe de profissionais, com colegas e com reconhecidos consultores de *Executive Search* e não encontrava uma resposta satisfatória. Saber o que é o talento, tinha se transformado numa obsessão para mim, até que optei por renunciar essa busca.

Hoje me sinto um pouco mais tranquilo do que antes por assumir esta postura. Talvez mais descontraído. Quando alguém invariavelmente me faz a mesma pergunta, respondo sem nenhum problema: "Ah! Querido amigo, eu esperava que você já tivesse essa resposta!". De qualquer maneira, posso afirmar: o que sobra é talento.

Em 2007, em uma matéria publicada no jornal *El Cronista Comercial* de Buenos Aires, eu afirmei a minha conclusão de que sobra talento ou de que existe talento generalizado. Essa ideia, em minha opinião, contrapõe-se ao aspecto elitista, quase aristocrático, que afirma "O que falta é talento". Essa frase cresceu no pequeno mundo empresarial, tomando proporções inesperadas. Aqueles que se achavam talentosos viviam a ilusão de que se tornariam bem-sucedidos, famosos, reconhecidos ou novos ricos.

Quando McKinsey escreveu sobre "The war for talent" (guerra pelo talento), ele sugeriu que o talento seria uma característica imprescindível para o sucesso de uma organização e desde então surgiu a necessidade de saber o que é talento e como detectá-lo. A fórmula parecia ser uma descoberta mais importante do que a da Coca Cola: talento = propensão generalizada de ter um excelente desempenho.

Os gurus aconselhavam "Encha a sua empresa de gente talentosa, eduque-os e desafie-os com coisas que nunca tenham feito antes e o sucesso da organização está garantido". Pelo que se dizia ao possuir esse mágico talento, era possível conseguir tudo. Mas uma dúvida permanecia: é possível detectar o talento ou simplesmente pode ser reconhecido quando se encontra?

No famoso filme *Amadeus*, Salieri, o compositor da corte da Áustria, durante a festa de boas-vindas que fazem a Mozart em Viena, trata de descobri-lo entre os presentes. Tenta ver o talento do mestre, na cara desses desconhecidos. Para Salieri, alguém que deu seu primeiro concerto aos quatro anos de idade, que compôs sua primeira sinfonia aos sete e toda uma ópera aos doze, deveria exibir o talento na cara. Nada disso! Para decepção do músico da Corte, quem ele menos pensou que seria o grande mestre era Mozart.

Indubitavelmente, a procura bem estruturada permite a identificação de um potencial candidato, do candidato considerado mais adequado, segundo as aptidões e compatibilidades que apresenta. Um candidato considerado mais adequado é aquele que tenha os conhecimentos e a experiência exigida para o posto e que possa atuar na empresa de acordo com os valores e princípios éticos. Se essa combinação é apropriada, será passível de ser identificada a partir do primeiro dia de trabalho na empresa, e não um dia antes. Essa é a razão pela qual os processos de seleção devem ser rigorosos nas análises das competências e compatibilidades do candidato com a organização em que irá trabalhar.

Quando um cliente me pergunta "Você (*Headhunter*) poderá conseguir, neste mercado, o candidato que necessitamos?", eu respondo com a pergunta "Sua empresa conseguirá contratar a pessoa que procura com a oferta que pretende fazer a ele?" e continuo "Por favor! Não me transfira sua responsabilidade de captar o pessoal qualificado que sua organização requer".

Os empresários e os executivos pretendem incorporar o melhor candidato, porém, isso raramente é possível. Existem candidatos adequados, mas não se pode afirmar que são os melhores. Quanto tempo custaria chegar a um acordo sobre qual é o melhor? E dificilmente haveria um consenso.

Os processos de seleção, cada vez mais rigorosos e sofisticados, só podem detectar candidatos considerados mais adequados. Os cargos são definidos com características padronizadas e as pessoas é que fazem a diferença, ou não, de acordo com seu talento. A observação do desempenho do individuo em seu emprego poderá identificar o talento da pessoa, isto é, durante a seleção não se pode detectar "o talento" de uma pessoa. Os processos de seleção dão como resultado a incorporação de um funcionário com competências padrão para função e com compatibilidades com a cultura da empresa, pois é durante o jogo que se destacam os bons jogadores.

Atenção! Não tirem a conclusão precipitada de que as empresas nunca poderão dispor dos mais talentosos dentro de sua organização. A realidade descrita significa que as pessoas incorporadas possuem competência padrão, mas talento é outra coisa.

A questão é que as pessoas têm talento. No entanto, há uma variada gama de circunstâncias, situações particulares ou fatos concretos, que interferem no desenvolvimento do talento. Deste modo, as pessoas poderão vir a ser um talento superlativo para a organização, mas só será possível saber quando estiverem atuando no contexto do trabalho.

Não se pode ignorar o fato de que o reforço tem uma ampla aplicação como um instrumento motivacional. O reforço é uma influência importante no comportamento esperado. No entanto, não é possível ficar restrito ao reforço, é preciso considerar o sentimento, as atitudes, as expectativas e outras variáveis cognitivas que, como sabemos, também influenciam no comportamento.

As condutas que demonstram compromisso, a energia e a quantidade de esforço dedicada para cada tarefa são afetadas pelas consequências decorrentes das ações efetuadas. Se uma pessoa nunca se sente reconhecida pelo seu trabalho, não encontrará sentido no que faz, podendo levá-la a ter menor rendimento, menor eficiência, menor produtividade e menor talento evidente.

Podemos partir do princípio de que não há um princípio universal para dar uma explicação sobre as motivações de todos. Mesmo assim, entender as razões gerais que motivam ou não as pessoas, nos permitirá gerar um campo fértil para que o talento se apresente em todo o seu esplendor.

Numa entrevista concedida ao jornal La Nación (Buenos Aires, 2007), o cineasta norte-americano James Ivory, criador da obra cinematográfica *O que resta do dia*, ao ser questionado sobre a detecção do talento dos artistas desconhecidos durante um *casting*, respondeu: "O que aconteceu com Hugh Grant foi curioso. Fez um teste para o filme *Uma janela para o amor*, um papel que terminou sendo feito por Daniel Day Lewis. Hugh sempre me conta que aquele dia eu o descartei em 30 segundos. O seguinte *casting*, que fez comigo, foi para *Maurice*. Ali também bastaram 30 segundos, mas, desta vez, para que fizesse parte do elenco. Foi seu primeiro papel como protagonista".

O talento de Hugh Grant e o avaliador eram os mesmos nos dois *casting*s. Porém, numa das vezes houve um parecer negativo e em outra um positivo. James Ivory conclui dizendo que "Sempre assumo que quem se apresenta a mim num *casting* tem talento". Realmente todos têm talento, e de acordo com as circunstâncias ele poderá ser um talento superlativo. Por isso, com tanta ênfase, insisto que talento é o que sobra.

Uma das coisas que deve ser considerada pelos recrutadores e selecionadores, internos ou consultores externos, é que não se pode reconhecer e avaliar o talento num estado puro. Podemos, no máximo, nos comprometer a seguir um rigoroso método de detecção de competências e compatibilidades, que permitirá inferir se o candidato é o mais adequado para o cargo ou função requerida.

Conhecer os perfis de preferências das pessoas permite deduzir em que ambiente será mais provável que apareça o talento de cada um. O mesmo devem pensar os candidatos, quando forem optar por um trabalho, pois a maior possibilidade de sucesso será diretamente proporcional ao nível de coincidência entre as expectativas dos candidatos e a realidade que enfrentarão.

Segundo o novelista George Eliot "Nunca é muito tarde para ser o que poderia ter sido". Essa frase expressa uma maravilhosa dose de otimismo, entusiasmo e humanidade!

Os empresários e os executivos devem se preocupar em incorporar o candidato mais adequado e deixar de pensar nos melhores. Os mais adequados serão aqueles que demonstrarão maior talento no fazer cotidiano. Aptidões, compatibilidades e estímulos é a base perfeita para que o talento se apresente, sendo que as motivações de cada um no aqui e agora serão determinantes. Existem inúmeras maneiras de fazer que o talento se apresente de forma efetiva por meio de condutas observáveis. Está ao alcance de todos!

INplacement

Os sistemas de recursos humanos, tais como a avaliação de desempenho e desenvolvimento ou treinamento, não são suficientes para completar o ciclo que permite inovar e crescer. É preciso conhecer e aplicar o que a concorrência faz e que ainda não se faz na empresa. É assim, simples! O segredo, então, é descobrir o modo de adaptar à cultura da empresa essa "nova" maneira de fazer as coisas, copiar e melhorar. Repito: copiar e melhorar, porque o maior esforço já foi feito pelo outro e o simples fato de implementar já é um processo inovador em si mesmo para a empresa.

Paralelamente, sabemos que a razão de ser das empresas é econômica, então, para que o sucesso da empresa seja efetivo, deve ocorrer uma interação entre os indivíduos que fazem parte dela. A partir da interdependência, as pessoas têm a possibilidade de produzir ou não as mudanças que garantirão o sucesso empresarial.

As empresas devem, para isso, fixar políticas, processos, métodos e programas para que os seus membros consigam se superar de acordo com os parâmetros do mercado e não só dos seus próprios interesses. Certas competências das pessoas aplicadas às atividades marcam a diferença com os concorrentes. Desse modo, a função e a competência esperada de um funcionário podem estar mais bem definidas por uma empresa concorrente no mercado.

A noção de produtividade, nesse caso, estará relacionada ao fazer aquilo que adiciona valor com os mesmos recursos ou, se possível, com menos recursos. Assim, fazer algo a partir do que já é conhecido não leva à inovação que o mercado atual requer. Mas fazer o que a concorrência faz e nós ainda não fazemos será sempre novo para nós.

Um termo bastante comum hoje é a empregabilidade, que se refere à capacidade desenvolvida por um indivíduo e que é requerida no mercado de trabalho no aqui e agora. Para assegurar a 'empregabilidade' é preciso fazer o *approach*, para tal dois processos conhecidos são o *OUTplacement* e o *INplacement*.

No *OUTplacement*, a partir das fortalezas e debilidades, a pessoa que procura sua reinserção poderá com maior sucesso "apontar" (ponto de convergência) às empresas que valorizam essas capacidades e tenham a possibilidade de incorporá-lo (é o que se chama "mercado de oportunidade"). Já no processo de *"INplacement"*, a pessoa não está procurando sua reinserção no mercado, mas sim manter sua empregabilidade na própria companhia, inclusive num nível superior ao de seu cargo atual de trabalho, dessa maneira, adquire um maior significado a incorporação contínua das melhores práticas.

O *INplacement* é um programa que permite trabalhar de uma forma inovadora e eficiente com a intenção de aproveitar ao máximo as aptidões do funcionário da empresa sempre atento à perspectiva do mercado. Esse processo está focalizado em três eixos de análise-avaliação e dá um diagnóstico tanto de quem ocupa um cargo executivo, como qualquer outro cargo chave na empresa (Vola-Luhrs, 2009).

1. *O passado do indivíduo.* Para conhecer as competências que são "exportáveis" da pessoa e que foram aprendidas pelo executivo nos cargos que ocupou anteriormente, e que hoje são usufrutuadas pela empresa. Pode ser conhecida também como conhecimento transferencial.
2. *O hoje da empresa.* Os requerimentos do atual cargo de trabalho, definidos pela empresa *versus* a *performance*.
3. *O mercado.* Deste modo, devem-se considerar tanto as exigências para o mesmo cargo em outras empresas do mercado (que nem sempre são queridas na empresa em que trabalha), como as competências específicas de quem hoje ocupa esse cargo na empresa.

Vejamos, agora, um exemplo na Figura 1 – Competências de gestão geral, operativa e estratégica. Na Figura 1, é apresentado o resultado da avaliação de um executivo, no caso Diretor de Recursos Humanos, no qual são comparadas suas aptidões pessoais com o que o mercado requer para a mesma função.

O *Spider Web Management* (abordagem 'teia de aranha' de gestão) permite rapidamente visualizar os *Gaps* presentes em cada habilidade da pessoa avaliada com relação ao mercado. Deste modo considera os aspectos de gestão, a saber, (1) geral, composto pelos itens Finanças, Operações e Comercial; (2) Operacional, no qual considera o conhecimento de sua especialidade e idioma e (3) Gestão Estratégica, que aborda os aspectos referentes ao conhecimento do negócio, Visão Estratégica, *Balanced Scorecard*.

Figura 1 Competências de gestão geral, operativa e estratégica

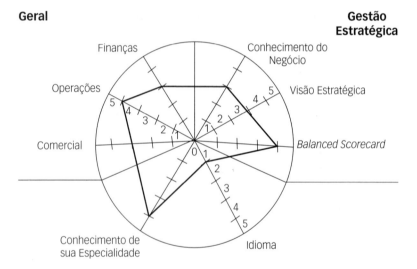

Essa análise corresponde à ideia que permeia o conceito de "empregabilidade". Caso um executivo ou especialista num cargo-chave deixa de ser "necessário" (empregável) para o mercado, a empresa pode ter começado um processo de obsolescência e não perceber.

Nesta perspectiva do mercado, a empresa é ativa para, por um lado, acompanhar o crescimento ou desenvolvimento da pessoa (empregabilidade) e, por outro lado, *aggiornar* o cargo de trabalho aos requerimentos do mercado (tendo o cuidado de não cair na obsolescência). Deste modo, é preciso considerar não só o cargo e as competências, compatibilidades etc. do profissional. Mas, também, especificamente com seu cargo no mercado de trabalho atual.

A partir da visão do *INplacement* o ponto de convergência entre a pessoa e o mercado é o ponto de partida para a ação, conforme ilustrado na Figura 2. Esse ponto é denominado *Vanishing Point*, que permite aproveitar de ambas as dimensões pessoa-mercado as fortalezas. Bem como avaliar quais os aspectos que podem ser melhorados no indivíduo, conforme os parâmetros da "empregabilidade" e não somente os da empresa para a qual trabalha.

Figura 2   Estratégia de convergência

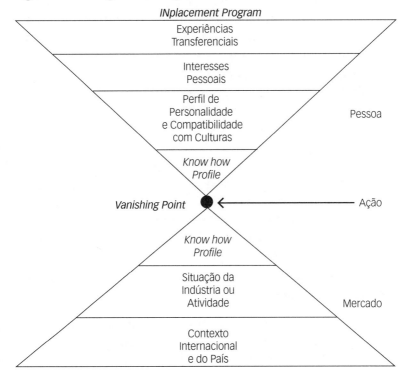

A sua empresa é uma das que vão permanecer no futuro? Cuidado, o tempo é ouro!

Cultura não é clima organizacional, mas converge e impacta no dia a dia

Para poder entender a cultura, é preciso entender o homem já que ele é o centro e gerador da cultura. A forma que o indivíduo se relaciona com o "dever ser" da empresa, com as outras pessoas e com a natureza num espaço e tempo determinado, definem a cultura. É a identidade, o DNA da empresa. Já o clima organizacional corresponde ao ambiente gerado pelas emoções e percepções dos membros de um grupo, e está diretamente relacionado à motivação dos empregados.

No contexto em que vivemos, não é uma tarefa fácil para os profissionais da área de recursos humanos colaborarem na obtenção do sucesso da empresa por meio do estímulo à contribuição concreta dos seus integrantes.

A dialética que surge nas organizações provoca um estado de insatisfação permanente. As novas estruturas exigirão maior flexibilidade por parte dos membros da companhia. Paradoxalmente, a exigência será maior num ambiente de maior insegurança para o trabalhador.

As empresas recriam, permanentemente, sua capacidade de competir. De fato, a competitividade se dá pela capacidade de se adaptar com a velocidade exigida pelo mercado. As fronteiras da própria empresa vão apagando-se, tornam-se pouco nítidas. Os territórios não mostram claramente quem está "dentro" e quem está "fora". O território define-se como um lugar de passagem e encontros.

As organizações deverão enfrentar grandes mudanças e, também, grandes dilemas. Entre eles:

- Delegação de atribuições em níveis mais baixos, mais próximos do cliente e o alinhamento das atividades em torno de um eixo central;

- Redução do tamanho das unidades físicas e como gerenciar o crescimento do negócio;
- Estímulo à inovação e ao risco e o reforço da eficiência voltado à padronização;
- Estímulo às mudanças e à adaptação e o fortalecimento da estabilidade e da previsibilidade;
- Atenção às realidades locais e coexistência de padrões comuns e internacionais.

A mudança implica perda, incerteza, dissolve significados e altera os *scripts*. O processo de mudança é um dos fatores-chave para entender o clima organizacional. Em tempos críticos, a necessidade de alterações organizacionais é constante. A adaptação a um ambiente que está mudando permanentemente parece essencial para a sobrevivência de uma organização e crescimento de seu potencial.

Não há um princípio universal para dar uma explicação sobre as motivações de todos, mas entender as razões em geral que motivam ou não as pessoas permite gerar um campo fértil para que o ótimo clima organizacional se manifeste em todo o seu esplendor.

A década de cinquenta foi um período frutífero para o desenvolvimento dos conceitos motivacionais, quando foram formuladas três teorias específicas, a saber, a teoria da hierarquia das necessidades (Maslow), a teoria da motivação-higiene (Herzberg) e as teorias X e Y (Mc Gregor). Embora essas teorias tenham sido duramente atacadas e questionadas em termos de validação, elas são, provavelmente, as explicações mais conhecidas sobre a motivação.

Quando Maslow descreveu sua teoria da motivação e colocou a *autorrealização* no ponto mais alto da hierarquia das necessidades, ele contemplou a ideia de que as pessoas que fazem o que gostam tem maior dedicação, compromisso e sentem-se felizes com o que fazem. Este é o ponto de partida para que realmente se consiga um clima organizacional com um futuro promissor.

Se você tem mais de 50 anos, é com você que eu quero falar, agora. Porque de desafios, você sabe muito!

Está comprovado que o ser humano tem capacidade de adquirir novas habilidades durante toda a sua vida, desde que seja motivado para o desenvolvimento e possa ter acesso aos recursos necessários. Não é uma questão de idade e sim de atitude. (Vola-Luhrs, 2009)

As empresas são "resistentes" a incorporar pessoas de mais de 50 anos porque existe uma tendência a pensar que o desenvolvimento de pessoal está dirigido a pessoas jovens que pensem em fazer sua carreira na empresa. Existe uma imagem instalada no ambiente empresarial em que a flexibilidade, a vontade de aprender, a vitalidade, a coragem, a ambição, e outras qualidades, estão relacionas à idade.

Como fazemos então para "alterar" esta tendência, hoje paradigmática, a partir da função de RH e da Alta Gerência e não correr o perigo de ser considerado retrógrado? Só com fatos objetivos e condutas observáveis.

Quando estudamos profundamente as competências do pessoal requerido hoje pelas empresas, paradoxalmente é mais fácil encontrá-las nas pessoas mais velhas do que nos jovens. A competência mãe de todas as competências é a capacidade de se reinventar, e esta sim faz a grande diferença. Reinventar-se é a habilidade para transcender premissas, esquemas e modelos normalmente aceitos, descartando e incorporando diversos elementos até chegar a um estágio superior.

Existem forças determinantes que provocam mudanças nas organizações, tais como a necessidade de se adaptar aos desafios econômicos globais e a tecnologia informática. Aqueles que têm a capacidade de enfrentar essas mudanças permanentemente e com sucesso são pessoas altamente valorizadas pelas empresas. Por que então perguntar a idade e não avaliar em que medida responde a essas premissas?

Uma nova modalidade de contratação está sendo implementada nos países emergentes é a *Interim Managers*. Executivos que são incorporados à empresa diante de situações importantes como, por exemplo, aquisições, fusões, implementação de novos projetos tecnológicos e abordagem de novos mercados.

A experiência é altamente valorizada e pessoas com conhecimentos, habilidades e aptidões demonstráveis são incorporadas ao *staff* executivo por períodos e com resultados a serem atingidos previamente ajustados. O profissional mais adequado é aquele que, além de conhecimentos, tem habilidades, atitudes e interesses compatíveis com sua função e com a empresa para a qual trabalha.

Geralmente, busca-se pessoas que desempenharam funções em empresas nas quais já não são requeridas ou simplesmente que cumpriram um ciclo, isto é, sentiam que não tinham mais espaço para se desenvolver no lugar em que trabalhavam. As opiniões que constantemente se encontram nos jornais e revistas especializadas geralmente coincidem num ponto: a tendência é potencializar as pessoas e valorizar o que elas possam contribuir seja qual for o cargo que ocupe.

O mercado de trabalho requer pessoas competentes, mas o que são as competências? São conhecimentos, habilidades, atitudes e interesses que algumas pessoas dominam melhor do que outras, e que as tornam mais eficazes e diferentes numa determinada situação. As competências são percebidas pelos comportamentos que podem ser observados numa situação cotidiana de trabalho ou com técnicas de avaliações profundas.

Uma pessoa apresenta um perfil de competências alto quando demonstra as qualidades requeridas para realizar determinadas missões ou tarefas. A probabilidade de sucesso na função estará diretamente relacionada à compatibilidade dessa pessoa com a cultura da organização no espaço e no tempo correspondente. É por isso que as competências sem a compatibilidade não servem para nada.

Hoje em dia, a detecção de talentos exige conhecer profundamente os candidatos e a empresa na qual vai desempenhar seu trabalho. Isso significa que é preciso definir competências-chaves que permitem objetivar a análise de quem tem a difícil tarefa de incorporar membros à organização. É necessário, também, observar entre outras coisas as peculiares características do projeto, situação do negócio, empresa, tempos de implementação, etapas de amadurecimento, avanços. Com este modo de ver, é possível que incorporar um colaborador à empresa de forma permanente não seja o mais aconselhável. É aqui onde os executivos com experiência e temporários ganham um lugar de preferência.

Cada tipo de negócio necessita de pessoas com perfis específicos, e, mais ainda, cada cargo de trabalho existente na empresa tem características próprias e deve ser ocupado por pessoas que tenham um determinado perfil de competências. Desse modo, pode-se dizer que aqueles que demonstrarem ter a capacidade de analisar os fatos e suas implicâncias a partir de uma perspectiva integradora, holística e sistemática, que ao mesmo tempo tenham a possibilidade de identificar fatores ou variáveis que não estão relacionados de maneira evidente, foram capazes de desenvolver o pensamento estratégico.

As pessoas que tiverem a capacidade de projetar uma imagem positiva dentro e fora da organização, gerando uma atitude favorável para ele e suas propostas, demonstram ter impacto pessoal. Aqueles que lideram com visão são os que podem orientar o grupo humano e o negócio de acordo com cenários futuros constituindo um elemento integrador e unificador que favorece nos demais uma firme identificação com a visão, missão e valores da Companhia. Além disso, administrar equipes de trabalho com eficácia, saber delegar, ampliar oportunidades de desenvolvimento do talento a todos os integrantes dessa equipe e ser equitativo nas ações é altamente valorizado.

Os negócios, cada vez mais, estão baseados no conhecimento de especialistas de sucesso que tenham experiência comprovável e que deem a tudo o que fazem seu toque pessoal. Pessoas as quais se distingam como profissionais, garantindo à organização marcar essa diferença que permite deixar os concorrentes para trás.

Vejamos um exemplo para deixar bem claro o que estamos dizendo:

> Uma empresa alimentícia quer começar a exportar óleo de soja para países asiáticos. O primeiro erro, na hora de pensar em escolher o pessoal, seria incorporar um gerente de comércio exterior de forma permanente. Na verdade, deveria pensar num executivo

temporário que tenha desenvolvido um negócio igual ou similar nos países asiáticos para a etapa inicial do projeto, e depois sim num gerente de comércio exterior para a manutenção e crescimento desta área de negócios. (Vola-Luhrs, 2009)

Assim como esse caso, poderíamos citar inumeráveis e variados exemplos. Essas necessidades de pessoal podem ser mais bem resolvidas com gente que tenha experiência disponível em diferentes partes do mundo e que de nenhuma maneira aceitariam ser incorporadas numa empresa de forma permanente. Mas com certeza lhes interessará assumir o projeto na primeira etapa, sabendo de antemão quais são os objetivos a serem atingidos e o tempo que terá que dedicar.

Ser uma pessoa de muitos recursos, como é necessário nestes casos, é saber se adaptar às mudanças e situações ambíguas, ser capaz de pensar estrategicamente e poder tomar decisões corretas em situações de muita pressão, liderar sistemas de trabalho complexos e assumir condutas flexíveis na hora de resolver problemas.

Embora os processos e o modo de fazer as coisas numa empresa sejam a causa dos problemas, eles já são familiares e a organização se sente cômoda com eles. A infraestrutura para resolvê-los já está instalada. Parece muito mais fácil conviver com eles do que eliminá-los completamente e começar tudo outra vez.

É hora de somar, somar e somar. Se você tem mais de 50 anos e pensava que sua estabilidade de trabalho começava a desaparecer, tenha confiança: seu capital intelectual agora mais do que nunca começará a ser valorizado porque a inteligência vence todas as modas e preconceitos sem fundamento.

Referências

Vola-Luhrs, R. (2009). *Lo que sobra ES el Talento.* Argentina: Editorial Céfiro.

Zaentz, S. (Produtor), & Forman, M. (Diretor). (1984). *Amadeus* [filme-vídeo]. The Saul Zaentz Company.

Capítulo 7

Desenvolvimento pessoal com o cavalo: práticas inovadoras para o contexto corporativo

Ute Hesse

Nos últimos anos, o tema da sustentabilidade tornou-se um princípio dentro das organizações de excelência, pois coloca em evidência a necessidade da responsabilidade ambiental e social junto ao processo produtivo. O sucesso das organizações não se resume mais à redução de custos, mas depende também da governança dos valores que consideram as necessidades de todas as partes interessadas, ou seja, também das pessoas envolvidas no processo de produção e dos responsáveis pelos resultados.

É necessário discutir e refletir sobre os fatores que atraem um profissional em seu ambiente de trabalho. Percebemos que, hoje, a lealdade de um colaborador está atrelada a um conjunto de condições diferentes das que eram de valor anteriormente. Estabilidade, plano de benefícios abrangente ou a possibilidade de trabalhar em uma grande corporação já não atraem tanto os talentos. (Gramigna, 2007, p. 8)

Em meio a este novo cenário, a atuação do RH nos dias atuais caracteriza-se por novas tendências e posturas. O RH se ocupou com a ampla função de desenvolver as linhas de trabalho nas áreas do recrutamento e seleção, do treinamento e desenvolvimento pessoal, bem como das políticas de cargos e salários e da carreira. Mesmo acompanhando a qualidade de vida dos colaboradores, a estabilidade e os benefícios, tais como plano de saúde, vale-refeição, seguro de vida, cartões para aquisição de bens e serviços com desconto em folha, já não garantem a motivação do trabalhador.

O desafio dos responsáveis do RH é superar os problemas encontrados nas ilhas de poder, isto é, no fato de cada vez mais as pessoas lutarem pelos seus espaços e ignoram a desintegração das funções em grupo. Os interesses individuais tomam frente aos resultados coletivos, metas podem não ser alcançadas em virtude de fatores motivacionais e das relações interpessoais numa época em que cada um assume a responsabilidade pelas próprias forças e pela vida que escolhe viver.

A motivação e a qualificação dos colaboradores tornaram-se fatores importantes para que as empresas sejam competitivas no mercado e mantenham seu clima organizacional saudável. Mesmo com a oferta de treinamentos especializados aos temas como liderança, comunicação e trabalho em equipe, seja exacerbada, a discrepância ainda é grande entre os conhecimentos disponíveis, o interesse nos treinamentos, e a realidade encontrada nas relações interpessoais dentro das organizações.

As pessoas buscam seu desenvolvimento num projeto singular no trabalho e vida cotidiana, em que carreiras lineares são raras. Dessa forma, os treinamentos precisam deixar de se constituírem em eventos esporádicos com enfoque teórico e apresentações técnicas em "como obter maior desempenho". Eles necessitam transcender ao planejamento global da empresa, tornando-se um desenvolvimento contínuo das competências dos colaboradores em desenvolvimento pessoal. Nos dias atuais, o que conta também é estimular os profissionais a buscar o autoconhecimento (Büchel, 2009).

O autoconhecimento está intrinsecamente ligado a nossa percepção, envolve os aspectos físicos, cognitivos e emocionais. As pessoas buscam o autoconhecimento ao conscientizarem-se do seu nível de autoconfiança, da sua percepção intuitiva, da força de vontade e capacidade criativa que possuem. Todo este processo é complexo e foge do controle racional das pessoas, em que a tendência é resgatar qualidades da vida "simples", como o retorno à natureza e a valorização da espiritualidade. A teoria do *Vernetzten Denkens* (pensar *Networked*) do químico alemão Frederic Vester (1925-2003), discute a importância dos processos evidenciados na natureza, aponta como tudo é interligado e a influência destes fatores em nossas vidas. Ele defende a ideia de que a natureza é um excelente professor na obtenção de conhecimento a respeito das tarefas e requisitos de executivos em empresas e organizações.

Nölke (2003) falou: *"Die Natur ist ein Erfolgsunternehmen, das in Millionen Jahren nicht pleite gemacht hat"* ("A natureza é um negócio de sucesso, que em milhões de anos não chegou a falir"). Assim, Libkowski e Gloger (2007) trazem a ideia de que as observações e os conhecimentos do reino animal podem ser apropriados e transferidos aos treinamentos de liderança, assim como ao mundo da gestão. O que começou há dez anos com treinamentos junto ao cavalo, hoje também é feito com cachorros, golfinhos, aves de rapina e lobos. Todos estes animais podem ser facilitadores no treino de comportamentos (Libkowski & Gloger, citado por Büchel, 2009, p. 29).

Ao estudar a etologia dos animais, as semelhanças e diferenças entre as espécies são evidenciadas, e respeitá-las é pré-requisito para compreender o que eles podem nos ensinar. Respeito e curiosidade são fatores imprescindíveis quando se trata de aprender sobre o outro, enquanto a percepção e compreensão possibilitam novas aprendizagens a partir do outro (Moscovici, 2008). A tomada de consciência desta sutil diferença pode ser relevante para o executivo nesse momento histórico em que a gestão dentro das organizações é caracterizada pela velocidade e constantes mudanças.

O que os executivos e colaboradores efetivamente têm em comum com cavalos? Será que eles colocam "freios" em seus colaboradores, "deixam as rédeas soltas", dizem a eles que "cairão do cavalo", ou ainda "podem tirar o cavalo da chuva"? Essas expressões, entre tantas outras estabelecidas pelo uso da linguagem cotidiana, dão uma indicação de possíveis paralelos da relação do cavalo com as pessoas (Büchel, 2009).

Além desses paralelos que podem expressar as primeiras qualidades da relação, o cavalo possui a característica de espelhar com eficácia e sem julgamentos a intencionalidade dos comportamentos das pessoas. Da mesma maneira que é possível evidenciar fragilidades e possíveis limitações dos executivos junto ao comprometimento dos colaboradores, os cavalos reagem com um *feedback* autêntico em relação às atitudes das pessoas direcionadas ao seu encontro.

Marins (2009) enfatizou que

> [...] se um cavalo não faz o que você está pedindo, só existem três hipóteses: 1 – o cavalo não está preparado para realizar o que se pede; 2 – você não está sendo claro; 3 – ele entendeu, mas não quer te atender naquele momento. Em todas as hipóteses, a culpa é sua. Se o cavalo não está preparado para fazer o que pede, é porque você não o preparou; se ele não entende o que você pede é porque você não está sendo claro, e se ele não quer atender você, é porque lhe falta liderança.

Aqueles que são familiarizados com a complexidade das inter-relações do mundo corporativo vão se surpreender como este exemplo serve para diversas analogias na gestão de pessoas, independentemente da atividade ou setor. E as situações com o cavalo exemplificam com facilidade tantas outras sabedorias aprendidas no convívio com este animal que podem ser transferíveis para o mundo corporativo.

A metodologia dos treinamentos com cavalo é amplamente utilizada por organizações da Europa e dos Estados Unidos, e mostrou-se eficaz no desenvolvimento pessoal para cargos executivos. Empresas como AOL, McDonald's, Nokia, Volkswagen, IKEA, Sony, Ericsson, Shell, Philips, Johnson & Johnson entre tantas outras já incluíram o cavalo nos seus programas de treinamentos como facilitador na aquisição de novas competências.

Associações como a European Association for Horse Assisted Education (EAHAE), na Europa, e a Equine Assited Growth and Learing Association (EAGALA), nos Estados Unidos, contribuem no desenvolvimento do método e da capacitação dos profissionais internacionalmente, pois o sucesso do treinamento junto com o cavalo depende do trabalho intersetorial. Os profissionais que desejam utilizar o cavalo nesta abordagem educacional devem possuir capacitação na área da psicologia organizacional, administração ou *coaching*, bem como possuir um profundo conhecimento da etologia do cavalo e ter uma equitação avançada. A Universidade do Cavalo (UC), em Sorocaba (SP), é pioneira no Brasil em demonstrar as particularidades da relação Homem-Cavalo no desenvolvimento pessoal.

No Brasil, os profissionais que atuam nas múltiplas faces educacionais e de convivência que o cavalo pode oferecer são da aérea da equinocultura, das modalidades esportivas ou da Equoterapia. Todos estes profissionais podem desenvolver treinamentos cooperativos com o cavalo, em parceria com consultores que atendem empresas na implementação de projetos de capacitação, ainda assim esse tipo de trabalho é pouco conhecido por profissionais de RH e mesmo por profissionais do cavalo. Entre as iniciativas de prestação de serviço nesta área, encontra-se a empresa EQUOHESSE®.

A EQUOHESSE® nomeou os treinamentos, nos quais o cavalo torna-se um facilitador para novas aprendizagens, como "Equo-Treinamento". Para esta nomenclatura a instituição baseou-se na origem da palavra "*equo*", que é sinônimo de *igual, justo, imparcial e favorável*. O cavalo possui a característica de espelhar as pessoas. O EquoTreinamento, desenvolvido pela EQUOHESSE®, vem sendo sistematizado no conjunto metodológico da psicologia organizacional, na observação da convivência diária do comportamento e no estudo da etologia do cavalo baseado na literatura brasileira e internacional.

De caçado a companheiro

Sem sombra de dúvida, o cavalo é um dos poucos animais que historicamente marcaram presença nas conquistas do Homem. Mas a pergunta é: o que o cavalo possui e como ele contribui para o Homem no mundo cooperativo?

Um mundo que traz, a cada dia, com muita velocidade, tecnologias novas que não justificam mais o uso do cavalo como principal recurso nas batalhas, transporte e no trabalho agrícola, por que o cavalo fascina as pessoas até hoje? Por que atrai tanta atenção do público ao passar nos desfiles ou eventos esportivos? Por que ainda se fabrica cavalos de pau, na era dos videogames interativos. Por que as pessoas investem tanto tempo, dinheiro e energia para manter um cavalo? Nos dias atuais, qual retorno que o cavalo dá por este investimento?

O interesse do homem pelo cavalo nasce na época das cavernas, em que o cavalo era caçado para satisfazer o homem em busca de alimento e vestimenta. Com a evolução, por volta do ano 4000 a.C., o homem deixou de usar o cavalo como fonte de alimento e domesticou-o para o trabalho e transporte. Nesse tempo, o homem procurava satisfazer suas necessidades básicas, porém reconheceu aos poucos o cavalo como parceiro, merecedor de respeito e admiração.

Assim, é possível observar uma transição da motivação do homem em relacionar-se com o cavalo, que passou da necessidade fisiológica à da segurança, quando fez uso dele nas grandes batalhas. Há infinitas descrições de batalhas entre os povos, em que as tropas com a maior cavalaria chegaram à vitória, defendendo seus lares e territórios.

No convívio com o cavalo, as necessidades sociais das pessoas tais como amor, afeto, afeição e sentimentos, assim como a necessidade de pertencer a um grupo ou fazer parte de uma religião também podem estar em questão. Os cavalos participam de festas ou ritos desde a sua domesticação, e estes eventos satisfazem tais necessidades em todos os lugares deste planeta. Pesquisas sobre estas festas levam a registros incríveis com imagens belíssimas, como a corrida do *Palio* na cidade de Siena, na Itália, iniciada no século XVII, em honra à Nossa Senhora. Aqui o cavalo começa a ter um valor simbólico, sai da esfera de utilidade concreta para as necessidades subjetivas, movendo-se para um campo de investigação vasto dos aspectos psicológicos da relação do homem com o cavalo.

"A simbologia em torno da imagem do cavalo é forte [...] o centauro, um cavalo com tronco de homem, é um animal mítico, criado provavelmente a partir da essência de um cavaleiro. Essa imagem é tão poderosa que chegou aos nossos dias" (Larousse, 2006, p. 34). O valor simbólico do cavalo representa amor, força, velocidade, imponência e beleza. Pensar em um cavalo galopando sobre um belo campo pode trazer a sensação de liberdade. O cavalo é o animal que puxa ao céu a carruagem dos deuses. Pégaso simboliza vitalidade, força e imortalidade, e o unicórnio, a pureza, imortalidade e espiritualidade.

Os grandes concursos esportivos e exposições de cavalos não só motivam pela esfera comercial nos dia de hoje, mas também porque são intrinsecamente ligados aos aspectos psicológicos das pessoas envolvidas. A busca pela confiança e conquista, do respeito dos outros e o reconhecimento das capacidades pessoais, assim como do reconhecimento dos outros, atraem as pessoas a participar destes eventos. A autorrealização, em que o indivíduo procura tornar-se aquilo que ele pode ser, está intrinsecamente associada ao domínio do cavalo. Sou testemunha de que o cavalo proporciona, a cada instante, situações em que a pessoa, junto ao cavalo, necessita aceitar fatos, trabalhar frustrações e ser criativo na solução de problemas e na superação de limites propícios.

Na relação com as pessoas, o cavalo supre até os dias atuais todos os motivos de carência ou de existência descritas por Maslow na sua teoria da hierarquia das necessidades.

> Ele dizia que as necessidades precisam ser satisfeitas a partir da base. Somente após as necessidades fisiológicas serem satisfeitas é que surgem as necessidades de segurança; somente quando as necessidades de amor e apreço são satisfeitas é que passa a dominar a necessidade de autorrealização. (Bee, 1997, p. 76)

Olhando sob este prisma, pode-se constatar que o cavalo foi significativo na satisfação das necessidades do Homem desde a sua domesticação. A satisfação, segundo teoria de Maslow, é condição para uma boa saúde, e a realidade de que em alguns países ainda se coma carne de cavalo não demonstra que seja uma busca da satisfação das necessidades fisiológicas, mas tal hábito se explica somente por razões medicinais. Desta forma, evidencia-se a evolução que a relação Homem-Cavalo, hoje, contribui para a promoção das pessoas nos diversos níveis de autorrealização.

Por que o cavalo?

O encontro com o cavalo é marcado até os dias atuais pela vontade de superar grandes desafios com a força e a agilidade física do outro, uma relação que é norteada por questões que envolvem poder, confiança e liderança. *"Pferde sprechen die Seminarteilnehmer auf emotionalen, intuitiven Ebene an, deren Tiefe ein menschlicher Trainer schwer erreichen kann"* ("Cavalos tocam os participantes ao nível intuitivo e emocional de modo profundo, como os educadores dificilmente poderiam alcançar") (Büchele, 2009, p. 33).

> A Psicologia é uma ciência que pode contribuir na tentativa de responder a estes fenômenos, pois ela visa a compreender o comportamento humano e os processos psíquicos, e estuda representações mentais, pensamentos, sentimentos, atitudes e percepções. Na presença do cavalo, é possível observar manifestações ligadas às questões psicológicas da personalidade da pessoa, à motivação, à inteligência, e também à comunicação, ao prazer e à frustração. (Hesse, 2009, p. 8)

Assim, o cavalo é uma fonte de estímulos múltiplos. Não é a única na vida humana, mas sem sombra de dúvida, é relevante. Pois quem está mais envolvido com este animal experimenta uma relação sensível, uma vez que o homem representa o predador, e o cavalo, a presa. "Existe um perigo potencial de violência sempre que um relacionamento envolve um parceiro dominante e um parceiro mais fraco, seja em situações emocionais na família ou no ambiente de trabalho" (Roberts, 2002, p. 30).

Nesta relação desafiante, o fascínio gira em torno da complexidade do tema do poder. Pessoas do meio equestre não medem consequências, gastam muito e manifestam comportamentos pouco compreendidos por aqueles que não possuem proximidade com o animal. Os sacrifícios e investimentos feitos com os cavalos, pelos que os amam, fogem da razão das pessoas que estão de lado de fora do mundo equestre. O fator motivacional, manifestado pelas pessoas "viciadas" no cavalo nesta relação encheria os olhos de inveja de qualquer gestor e se fosse possível transferir esta motivação ao mundo empresarial, será que não seria essa uma fórmula de sucesso duradouro?

A complexidade de relacionar-se é o tema inicial nos Equo-Treinamento. Ali as analogias entre as atividades vivenciadas com o cavalo e a prática da vida cotidiana na empresa levam a novos conhecimentos. O treinamento com o cavalo, sem sombra de dúvida, motiva as pessoas a novas aprendizagens em relação às funções executivas, e fascina mesmo se não há familiaridade com o animal ou até mesmo quando há certo grau de medo.

"O estar em relação" também é tema central nos ambientes de trabalho, na família, ou em qualquer outro contexto social. A capacidade de atenção, a apreciação e a valorização mútua, dão origem à qualidade e à dinâmica das relações, essenciais para que o encontro prossiga. Através da observação pode ser obtida a qualidade das relações interpessoais e verificar origens de possíveis conflitos potenciais, ou até mesmo dos fatores que levam a patogênese das relações. O EquoTreinamento, caracteriza-se pelas analogias que podem ser feitas na percepção e reflexão da pessoa e como ela busca entrar em contato com o cavalo, uma vez que o cavalo oferece em tempo integral a possibilidade de relacionar-se.

Quem não se lembra do primeiro dia de trabalho em um novo emprego ou departamento, em que a vontade de mostrar todo entusiasmo no trabalho logo foi "freada" pelos colegas que viram em você um intruso. O contrário disso seria um colega que lhe desse apoio. O primeiro encontro pode ser caracterizado por um acolhimento cuidadoso ou por um ato de violência pela insensibilidade e indiferença da rotina.

Pessoas convivem e trabalham com pessoas, portanto, trata-se sempre de uma relação dinâmica em que as primeiras impressões são condicionadas a um conjunto de fatores psicológicos.

Quando a primeira impressão é positiva de ambos os lados, haverá uma tendência de estabelecer relações de simpatia e aproximação que facilitarão o relacionamento interpessoal e as atividades em comum. No caso de assimetria de percepções iniciais, isto é, impacto positivo de um lado, mas sem reciprocidade, o relacionamento tende a ser difícil, tenso, exigindo esforços de ambas as partes para um conhecimento maior que possa modificar aquela primeira impressão. (Moscovici, 2008, p. 68)

A oferta de "estar" em relação com o cavalo é acompanhada pela característica do animal "estar" em movimento, pois ele é um ser nômade em busca de alimento, sendo que a energia é guardada para fuga dos eventuais predadores. Desta forma, os cavalos necessitam de um motivo plausível para se engajar na relação com outro, ou seja, no caso dos EquoTreinamentos, com os participantes. As pessoas são convidadas a perceberem essas questões motivacionais durante o processo de trabalho com os cavalos, em que a pergunta é: quem move o outro e por quê? Tema peculiar dos cargos executivos.

Monty Roberts, ícone entre os domadores e treinadores de cavalos selvagens, autor de diversos livros, apresenta seu método de domar livre de violência e imposições. Seu trabalho baseia-se no princípio da "Conjunção", ou também nomeado de *Join-Up*.

Espero que a Conjunção seja aceita um dia como verdadeiramente revolucionária tanto no mundo humano quanto no equino. Nesta minha obra, como na obra de outros domadores de cavalos, o cavalo recebe a oportunidade de fazer escolhas e de se oferecer como voluntário para colaborar com os humanos. (Roberts, 2002, p. 45)

A conjunção é o momento em que o cavalo estabelece a relação de confiança, o animal sente-se seguro com a pessoa, pois entende que ela está segura de si e confiante. A dominância física não é determinante para haver a Conjunção, sendo que, se dependesse disso, as pessoas estariam em desvantagem. Disponibilidade de execução, ser destemido e demonstração de cuidado, são qualidades de comportamento que o cavalo interpreta como positivos, e ele sente-se seguro ao seguir para todos os lados o animal alfa, ou seja, o líder. Animal alfa são as éguas e garanhões da manada que se destacam por terem habilidades especiais, como os líderes que promovem os grupos nas organizações.

O objetivo durante o treinamento com cavalo é criar condições para que os participantes possam conhecer melhor suas habilidades de liderança e comunicação nesta relação sensível e refletir sobre as relações interpessoais a partir dos princípios que regem no sistema hierárquico. O cavalo é um ser que vive agregado, como as pessoas. A hierarquia equina garante a sobrevivência do grupo no qual o líder da manada assume a responsabilidade da promoção dos demais, e este pano de fundo não se diferencia muito dos cargos executivos. O cavalo, ao se relacionar com o Homem, oferece sempre um relacionamento em que a questão primordial é definir quem assume a liderança e quem é o liderado.

Assim como nas nossas vidas, a vida em manada oferece segurança aos cavalos, e é necessário seguir as normas dentro do grupo, pois a sobrevivência sozinha na natureza seria possivelmente difícil. Mesmo após a domesticação, os cavalos não perdem o seu instinto de se proteger dos predadores em grupo. Uma manada em situações de perigo se defende escapando, ou organiza-se em círculo com as cabeças voltadas para o centro, defendendo-se com as patas traseiras contra os agressores. "O garanhão se ocupa principalmente com as relações exteriores, enquanto a égua é o coração do grupo. As relações entre eles são baseadas, sobretudo no consentimento mútuo e não na autoridade" (Larousse, 2006, p. 26).

Os cavalos "líderes" emitem sinais sutis que não são questionados pelos liderados do grupo, seja ao pastar tranquilamente ou mesmo em situações de perigo. Heidrich (2008) estabelece o paralelo para este fenômeno ao questionar o quanto que os grupos dentro das organizações em situações de "perigo" ou tensão, muitas vezes, agem com intrigas, resistências e *"mobbing"* frente ao líder. O comportamento equino neste sentido pode ser um exemplo revelador aos participantes dos EquoTreinamentos.

A observação do jogo que os cavalos fazem pelo poder possibilita verificar como em pouco tempo eles estabelecem a ordem e obediência no grupo. Para a demonstração de força e superioridade bastam sinais sutis entre eles. Um olhar ou movimento com as orelhas podem dizer tudo. Durante os EquoTreinamentos, os exercícios realizados simulam este mesmo jogo, um jogo pelo poder, as pessoas são convidadas a perceber os sinais do cavalo e sua própria linguagem corporal, enquanto buscam estabelecer a Conjunção. Busca-se a confiança do cavalo e neste jogo o participante ocupa a posição do líder nesta relação.

O cavalo possui um sistema de percepção sofisticado. Todos os cinco sentidos são desenvolvidos para a necessidade de defender-se dos predadores, e ele reage aos sinais mais sutis da linguagem corporal, independentemente de ser uma relação entre seres de sua espécie ou não, ou mesmo com o ser humano. Como "mestres" da comunicação não verbal, os cavalos analisam e interpretam todos os sinais do "Ser" à sua frente e reagem imediatamente ao perceber contradição. Desta forma o participante é convidado a ser claro nas suas intenções com o cavalo. O verbal tem pouca importância e o cavalo revela pelos seus comportamentos, a autenticidade e coerência entre intenções e ações da pessoa na busca da Conjunção.

Witter (2001) traz no seu livro *Horse Power* citações de diversas personalidades do mundo equestre, colecionando sabedorias nesta obra que marca cinco décadas de quase 80 pessoas que fizeram suas histórias de vida profissionais junto aos cavalos. Entre as diversas citações há Diana Thompson, que acredita na promoção mútua do cavalo e do homem. O homem ensina o cavalo a ser mais confiante, a poder ser menos vítima, em tempo integral do seu instinto de fuga e da ameaça de ser caçado. O cavalo, em contrapartida, solicita ao homem que ele aprofunde mais sua percepção em relação aos seus instintos, emoções e intuições. Fator indispensável para os cargos de alto escalão.

Junto ao cavalo, é possível proporcionar um espaço aberto e autêntico na percepção de estilo de liderança de cada participante. Em tudo que é solicitado aos cavalos, eles requerem atenção e necessitam previsibilidade, bem como a apreciação e respeito das pessoas. Como o cavalo apresenta estes fatores naturalmente em sua própria etologia, ele atende a pessoa que possui clareza e foco nas qualidades pessoais do seu estilo de liderança, pois esta passa segurança, e não medo, para o animal. É possível perceber no "estar" com o cavalo, a exigência de um forte senso de apreciação no aqui e agora, estado que o cavalo vive em tempo integral.

Competências a serem desenvolvidas junto ao cavalo

Competência interpessoal

A liderança eficaz, sem dúvida, é uma das competências exigidas para os cargos executivos, sendo que esta habilidade caracteriza-se pela dinâmica e pela estrutura da personalidade da pessoa. A competência de liderar faz parte do nosso cotidiano como resposta ao comportamento da sociedade. As pessoas buscam e necessitam liderar para sentir-se unidos e protegidos, na vida e no trabalho, mesmo que às vezes isso possa causar desconforto. A liderança tem sua origem na vida em sociedade, em que os papéis se modificam conforme circunstâncias e situações. Num momento a pessoa lidera, no outro, é liderada.

As fundamentações teóricas da psicologia encontradas que buscam contribuir com o tema da compreensão da diversidade e origem dos estilos de liderança das pessoas. Richard W. Wallen (1963 citado por Mascovici, 2008) verificou, a partir dos seus estudos, que existem três tipos de personalidades de executivos existentes em quase todas as organizações. Os tipos de personalidades de executivos que ele descreve partem do batalhador "durão", segue para o auxiliador amistoso, e, por último, ele descreve o crítico lógico.

A manifestação comportamental dos diversos tipos de personalidade de executivos pode chegar à sobreposição no processo dinâmico das dimensões da cooperação ou do poder. A pessoa, na relação com o cavalo, é convidada a ocupar o espaço do líder, porém permite experimentar uma liderança baseada na confiança e não na força, ou seja, no poder. Portanto é importante saber em quem se pode confiar e com que estilo de liderança a pessoa coopera, colocando em evidência, mais uma vez, a complexidade de "estar" em relação.

Os diversos tipos de liderança operam em dois conjuntos essenciais de impulsos e emoções.

O primeiro conjunto refere-se à expressão de afeto, simpatia e consideração pelos outros. O segundo, à expressão de agressividade, ao nível de atividade e à luta contra obstáculos. Os dois conjuntos existem em todas as personalidades, mas um deles torna-se predominante como característica geral do estilo de comportamento. (Moscovici, 2008, p. 110)

O líder eficaz possuiu a qualidade de perceber-se ao nível global, interligando as origens das causas externas que possam originar desconforto nos relacionamentos interpessoais dos liderados. Possui forte senso de oportunismo, e a capacidade de motivar mudanças por meio de sua visão estratégica. Ao "estar" liderando, é importante que o líder atenda a necessidade de perceber-se com os seus sentimentos, pensamentos e ações o tempo todo, para que os liderados sintam-se confortáveis, evitando, assim, erros desnecessários por pressões ou controle excessivo.

Hendrich (2008) menciona *"Führungskräfte brauchen ihre Mitarbeiter gar nicht zu motivieren. Die Chefs erfühlen ihren Job schon ganz großartig, wenn sie sie wenigstens nicht frustieren. Es muss ihnen gelingen die Anfangsmotivation zu erhalten, anstatt diese von Woche zu Woche durch Unachtsamkeit ein Stuck weiter abzubauen"* (Executivos não necessitam motivar seus colaboradores. Os chefes realizam um ótimo trabalho, quando pelo menos não frustram os colaboradores. Eles apenas necessitam manter a motivação inicial, ao invés de reduzi-la aos pouquinhos, de semana em semana, em função do descuido).

Desta forma, as competências a serem desenvolvidas junto ao cavalo são habilidades interpessoais, e são relacionadas diretamente aos traços naturais de personalidade de cada pessoa. Lampert (2005) aponta, em particular, melhores *managers* como pessoas que se concentram em otimizar especialmente as habilidades pessoais dos seus colaboradores, ao invés de relatar fragilidades. Este princípio baseia-se na compreensão de que a particularidade de cada pessoa é individual, possui as qualidades necessárias para solucionar problemas na busca contínua do seu próprio sucesso, mas que depende de uma liderança eficaz. A autorreflexão e humildade dos executivos, leva ao maior autoconhecimento, em que a competência interpessoal é a habilidade de liderar eficazmente em constante contato com as pessoas e com as circunstâncias de mercado. A competência de liderar um grupo ou situação, não depende dos conhecimentos técnicos dos executivos, mas da previsibilidade das necessidades de cada situação e exigência circunstacial na organização. Os treinamentos junto ao cavalo proporcionam um campo amplo para sensibilizar a necessidade de flexibilidade perceptiva e comportamental, aspectos que não podem ser adquridos em cursos ou seminários com conceituações téoricas.

No uso do cavalo na promoção das habilidades inerentes ao tema da liderança, cabe também ressaltar que a credibilidade, a confiabilidade e o respeito fazem parte da capacidade de liderar. Porém, a falta de confiança por parte do líder gera insegurança e medo nos liderados. O medo, por sua vez, leva a um estado de ansiedade da pessoa, que possui influência direta sobre a capacidade de ter clareza e determinação. Assim, entre os temas a serem trabalhados durante os EquoTreinamentos, a superação do medo e do controle da ansiedade é considerada elementar no desenvolvimento das competências pessoais do líder.

Não há um estilo "ideal" de liderança, tampouco receitas prontas, como também não há um estilo "puro" de liderança, em que a pessoa manifesta uma característica única, como, por exemplo, a de ser consultiva ou impositiva (Büchel, 2009). O que existe é um campo potencial de uma liderança adequada na polaridade entre o líder autoritário e o cooperativo. Desenvolver uma liderança baseada em valores, aprender a liderar entre a responsabilidade, a confiança e o poder é o objetivo nos EquoTreinamentos.

Dar e receber *feedback*

A importância do *feedback* nas relações interpessoais é outro tema inerente aos EquoTreinamentos, sendo que a relação durante os exercios práticos é caracterizada por uma relação de tríade

(Figura 1): cavalo – pessoa – coordenador/grupo. As respostas comportamentais emitidas pelos cavalos espelham as atitudes dos participantes e abrem espaço para inúmeras reflexões e analogias na complexidade do processo de dar e receber *feedback*.

A sensibilização dos participantes em descrever, em vez de avaliar as ações da pessoa e as reações do cavalo, faz com que todos percebam que, na ausência de julgamento, reduz-se a necessidade de reagir defensivamente ao que foi falado. A pessoa que está diretamente junto ao cavalo vai poder ouvir o relato do coordenador ou grupo para sentir-se à vontade na utilização desses dados da forma que julga adequado naquele momento. Durante os exercícios, os participantes também são convidados a expressar as necessidades pessoais ao atender a necessidade do cavalo.

O processo de *feedback* depende da compatibilidade de satisfação entre o comunicador e o receptor, pois a satisfação unilateral pode ser altamente destrutiva. Um *feedback* deve ser "dirigido para comportamentos que o receptor possa modificar, pois, em caso contrário, a frustração será apenas incrementada, se o receptor reconhecer falhas naquilo que não está sob seu controle de mudar"(Moscovici, 2008, p. 95). Assim, a escolha cuidadosa dos cavalos utilizados durante o EquoTreinamento é importante, pois as reações destes animais podem ser consequência de uma falha da intenção e da ação da pessoa, somados a um despreparo dos animais para a atividade fim.

As atividades desenvolvidas durante os EquoTreinamentos visam a estimular, junto ao cavalo, uma maior consciência da complexidade em dar e receber *feedback*. O cavalo contribui neste processo pela sua sensibilidade de interagir frente a linguagem corporal, e faz com que os participantes apreciem a força da expressão gestual, desconsiderada muitas vezes na vida cotidiana. Todos são convidados a apreciar o quanto a resposta positiva de uma determinada ação junto ao cavalo depende da consciência entre os pensamentos, sentimentos e a postura adotada frente ao animal.

Os cavalos possibilitam assim aos participantes um *feedback* não adulterado da própria segurança, autenticidade e habilidade de persuasão. Para estes animais, não há eloquência, eles não se deixam enganar por símbolos de *status* quaisquer, currículos ou comportamentos não autênticos. Os participantes são convidados a apreciar o jogo pela Conjução dentro da força de suas competências pessoais, formular perguntas às quais os que observam possam responder e contribuir assim para que a pessoa repita ações a partir do *feedback* recebido.

O cavalo se torna facilitador na autopercepção, contribui com a aquisição de maior maturidade de lidar com fragilidades reveladas e possibilita o alcance de algumas verdades pessoais que podem sensibilizar as pessoas. O cavalo é um animal que reage no aqui e agora, espelha diretamente o efeito da comunicação pessoal e os padrões de comportamento internalizados, sendo esta mais uma das características particulares dos EquoTreinamentos.

Habilidade de comunicação

A habilidade de comunicação engloba várias competências interpessoais, sendo que Osterhammel (2006) segue o princípio de que unicamente na conversa dirigida pessoalmente com os colaboradores já é possível saber o que eles realmente necessitam. Dentro desta perspectiva, é possível adequar o que a organização pode oferecer para estimular a motivação de todos envolvidos ao encontro dos objetivos da organização. Pela sua prática, ele insiste com seus líderes executivos na importância da manutenção do constante diálogo com seus colaboradores.

Uma vez que, na maior parte do tempo, a relação com o cavalo é caracterizada pela comunicação gestual e não verbal, o que é relevante saber a respeito das habilidades de comunicação e quais são as competências a serem desenvolvidas pelas pessoas durante os EquoTreinamentos? Para o cavalo, a comunicação significa expressão. E, para nós, quais serão os significados que atribuímos às competências da comunicação dentro de um treinamento?

A maior eficácia da comunicação possui sua origem na compreensão mútua ou compartilhada, em que os exercícios práticos durante os EquoTreinamentos facilitam discussões em grupo, analogias e reflexões à vida diária nas organizações, assim como à vida pessoal. Entre as habilidades de comunicação, destaca-se a atenção, a escuta ativa e a empatia, todos facilitados pela relação de tríade pessoa – cavalo – coordenador/ grupo. Todas estas qualidades estão presentes simultaneamente e a pessoa necessita atenção e empatia para desenvolver as atividades junto ao cavalo, é convidada a transmitir seus sentimentos, seu interesse, bem como sua percepção em relação ao próprio desempenho durante o exercício.

Nas atividades práticas junto ao cavalo, facilmente pode-se observar manifestações por parte dos participantes que mostram uma interpretação equivocada do comportamento animal a partir da sua própria experiência. Facilmente os participantes interpretam erroneamente os comportamentos do cavalo a partir de uma realidade subjetiva, o que se repete nas relações interpessoais. Sensibilizar os participantes para este fenômeno é importante na medida que toda interação é complexa, seja verbal ou não verbal, e é singular, influenciada por inúmeras variações subjetivas e objetivas do ambiente.

Os parcipantes são convidados a descreverem suas ações e os comportamentos do cavalo frente a estas ações. Os exercícios durante o EquoTreinamento levam a aprimorar a capaciadade de observação e de comunicar o que aconteceu concretamente. "A pessoa também poderá descobrir que muitas de suas afirmações e conclusões são menos baseadas em evidências observáveis do que em seus prórios sentimentos de irritação, afeto, insegurança, ciúme, medo ou alegria" (Moscovivi, 2008, p. 106).

A tomada de consciência da pessoa em responder mensagens que o outro não enviou, interpretar sinais do cavalo de maneira equivocada, comunicar sem perceber, ou responder diferentemente da sua própria autoimagem, são aspectos necessárias a serem percebidos ao desenvolver a efetiva comunicação entre as novas competências interpessoais. Assim, a presença do cavalo sensibiliza à autoexpressão, disponibiliza um espaço para especificar pensamentos e sentimentos verbalmente.

O método do EquoTreinamento

Uma introdução enfocando o respeito aos princípios de segurança e ao comportamento equino é fundamental no início de cada EquoTreinamento. Os coordenadores chegam a mostrar em cada exercício algumas noções básicas do manejo do cavalo para garantir um trabalho seguro. Os participantes não necessitam conhecimento prévio do cavalo, como também não necessitam montar. A montaria é pouco utilizada na proposta do trabalho. Tudo é feito no chão, na altura dos olhos. O eventual medo que um participante possa ter do animal não impede que ele se beneficie, pois a observação dos fenômenos ocorridos na relação dos seus colegas é rica a ponto de que o *insight* também é alcançado na posição de espectador. Aliás, o objetivo não é mostrar um comportamento ou habilidade ideal, mas, a partir da interação da pessoa com o cavalo, fazer com que esta perceba a própria ação e reflita sobre a ela junto ao coordenador.

A metodologia dos EquoTreinamentos parte do princípio de que as pessoas interagem com o cavalo e buscam soluções para situações propostas. Nesta resolução de situações, são revelados padrões de comportamento, sendo que estes são posteriormente analisados e integrados com as sensações e emoções percebidas. Os exercícios podem ser realizados individualmente ou em grupo, dependendo do objetivo, sendo que a videoanálise e as explanações teóricas, ou de casos práticos, complementam o trabalho. A autorreflexão e troca de experiência dos participantes também são estimuladas em discussões com os facilitadores, sendo que os EquoTreinamentos geralmente se caracterizam por grupos relativamente pequenos. É necessário que, no trabalho junto ao cavalo, o acompanhamento intensivo e personalizado para cada participante seja garantido.

Por princípio, os EquoTreinamento priorizam a segurança e o conforto de todos os envolvidos, e objetiva ainda a compreensão mútua na relação de tríade (Figura 1) pessoa – cavalo – coordenador/grupo, em que o desenvolvimento das competências a serem adquiridas, baseia-se no modelo teórico de Moscovici (2008) do processo da aprendizagem vivencial.

Figura 1 Ciclo da aprendizagem vivencial na relação tríade no EquoTreinamento

Ciclo do processo de aprendizagem na relação tríade no EquoTreinamento

- P/G
- Busca de mudança
- Desafios/Envolvimento
- Relação – sensível – vivencial
- Observação
- Correlação/Conexão
- Observação
- Processo diagnóstico
- Co./G
- Cavalo
- Grupo/Coordenador
- *Feedback* e motivação
- Resposta: intenções, ações, sentimentos e emoções
- Reformulação
- Conscientização

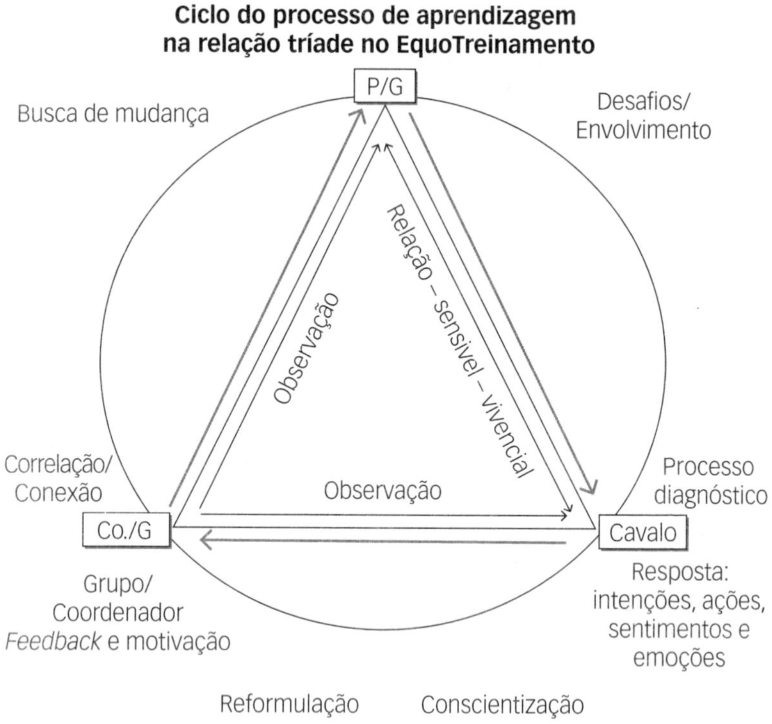

Fonte: EquoHesse® (2011).

Como indicadores de uma boa relação, no processo geral, entre participante – cavalo, deve-se observar a motivação (os participantes estão perdendo a vontade?), a procura por conhecimento (eles continuam curiosos?) e as chances do participante de fazer experiências (de aprendizagem), assim como o comportamento de resposta do cavalo (ele trabalhou junto com vontade?). (Hesse, 2009)

Entre seus fundamentos teóricos, o EquoTreinamento utiliza o processo vivencial de aprendizagem como princípio essencial, em que os participantes são convidados a tomar conhecimento e consciência da problemática dos temas a serem elaborados em situações vivenciados junto ao cavalo. As atividades possibilitam a experimentação e o arriscar-se na formulação de perguntas e na tentativa de respondê-las por simulações comportamentais, jogos e exercícios de comunicação verbal e não verbal. Neste processo, a pessoa vai praticar e utilizar suas competências, é convidado a perceber-se e a identificar pensamentos, sentimentos, atitudes e comportamentos.

A aprendizagem constitui-se num processo que dura toda a vida e age por meio da mudança de comportamento, dos conhecimentos e experiências anteriores, da disposição frente a uma situação-problema, e da relevância e significado atribuídos. O ciclo da aprendizagem vivencial possibilita à pessoa um papel ativo neste processo de interação das novas experiências, e busca o envolvimento desta de modo espontâneo e indutivo (Moscovici, 2008). Ao analisar a interação com o cavalo criticamente deve ser extraído o *"insight"* que permite transferir o aprendizado para novas situações.

O aprender junto aos animais possibilita o desenvolvimento interpessoal e a tomada de consciência de características da personalidade da pessoa frente ao processo da aprendizagem a partir da experiência, aspectos que a teoria cognitiva no uso da linguagem e do raciocínio matemático só consegue estimular de maneira deficitária (Schwartzkopf & Olbricht, 2003). Os autores alemães se baseiam na teoria das múltiplas inteligências de Gartner, em estudos divulgados a partir da década de 1980, que defendem a ideia de que a medição do desempenho do Quociente de Inteligência – QI é insuficiente.

Gartner (1993, citado por Schwartzkopf & Olbricht, 2003) acreditava que a inteligência não poderia ser vista como um fator único e discordava das avaliações da inteligência em testes. Ao longo dos seus estudos, ele chegou a teorizar sete inteligências diversas: lógico-matemática, linguística, cinestésica-corporal, musical, espacial, interpessoal e intrapessoal. "As últimas duas são estimuladas no processo educacional junto aos animais, e são pré-requisitos para as relações interpessoais saudáveis, que indicam a capacidade de percepção, disposição, temperamento, motivação, como também o reconhecimento e a resposta adequada ao encontro dos desejos e reações em relação a outras pessoas"

O coordenador colabora ao explorar e examinar o observado na relação da pessoa com o cavalo e assinala os aspectos subjetivos e objetivos de cada situação. Ele é responsável por criar "com o grupo, uma atmosfera socioemocional de confiança recíproca, em que os participantes se sentem à vontade para experimentar novas maneiras de reagir, exercitar novos comportamentos e ousar dar e receber *feedback* úteis para opções de mudança pessoal, sem necessidade de recorrer a subterfúgios amenizadores, com medo de ferir os outros ou receber agressões" (Moscovici, 2008, p. 40).

Durante os EquoTreinamentos são evidenciados três níveis de *feedback*. Primeiramente a avaliação da autopercepção em relação ao meio, por meio das respostas vivas do cavalo. Em segundo plano, os observadores darão um *feedback* do que viram na relação do sujeito que "está" com o cavalo, pois isso possibilita a discussão e a troca da sua própria experiência. O coordenador tem a responsabilidade, no terceiro plano, de estabelecer as ligações, fazer analogias entre o vivenciado, a teoria e o aprendido com o dia a dia do trabalho dentro das organizações.

Os diversos programas dos EquoTreinamentos não são modelos padronizados, mas orientam as atividades para um determinado foco, ao atender os processos e objetivos individualizados do desenvolvimento pessoal, interpessoal e profissional dos participantes. Desta forma os treinamentos podem ser de "grupos abertos" em que os participantes são de empresas e instituições diversas, ou de "grupos fechados" em propostas customizadas com avaliação e monitoramento dos resultados das aquisições das competências pessoais.

Os exercícios dos EquoTreinamentos variam conforme enfoque dado pelo grupo ou tema pessoal de cada participante, porém o método prevê linhas de trabalho determinadas pelas competências interpessoais mais recorrentes às organizações. São previstos, nas atividades, exercícios que tragam contribuição aos estilos de liderança de cada participante, à comunicação, ao dar e receber *feedback*, às questões motivacionais e à complexidade do poder nas relações interpessoais. Desta forma, a autoexposição da pessoa junto ao cavalo, as respostas comportamentais de ambos nesta relação, mais o *feedback* do facilitador e do grupo, permitem o processo do diagnóstico e a conscientização necessária para mudança.

A Figura 2 representa o *Positionskreis* (Circulo das Posições) de Hempfling (2006), que possibilita compreender a complexidade e intensidade das atividades propostas, conforme habilidades das pessoas e situação. Assim, é possível repetir o exercício com mudança de posição da pessoa no círculo, ou a repetição da atividade, em que a pessoa mantém sua posição, porém trocando o cavalo. Estas alterações enriquecem as atividades na medida em que ilustram a diversidade dos estilos de liderança e complexidade do tema da comunicação e do poder.

Figura 2 Círculo das posições

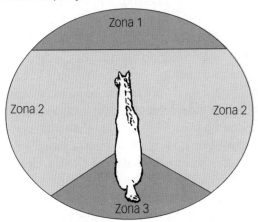

Fonte: HEMPFIING (2006), p. 66.

O cotidiano dentro das organizações exige maior flexibilidade das posições e estilo de liderança dos executivos, e estes devem saber agir conforme a situação e necessidades dos liderados. O círculo das posições se divide em três zonas, em que cada zona serve como fonte de experimentação e correlação com a realidade de cada participante.

"A primeira zona é da maior dominância, do maior poder sobre o cavalo. É exatamente a posição que a mãe ocupa ao andar junto com seu potro. Ao mesmo tempo é a posição que tira do cavalo toda autonomia" (Hempfling, 2006, p. 66). A pessoa, ao se posicionar nesta zona, por um lado demonstra ao cavalo sua dominância, sinaliza que lidera e por outro lado impede autonomia, confiança e atos de coragem do animal. Nesta posição, os elementos da liderança autoritária são evidenciados, uma vez que o líder vai até determinado lugar, sem possibilitar autonomia e vontades próprias do animal.

A segunda zona possibilita ao cavalo certa autonomia e independência e, nessa posição, a pessoa sinaliza ao animal que é o mais fraco e o liderado nesta relação. O cavalo, em certo grau, consegue se movimentar para frente e ao lado oposto da pessoa, porém seus atos de coragem também são limitados. Uma vez que nesta posição a pessoa possui menor influência sobre o cavalo, faz-se necessário o respeito e a confiança mútua, sendo pré-requisito a liderança cooperativa.

Na terceira zona do círculo das posições, o cavalo possui maior possibilidade de movimento e desenvolvimento da sua autonomia, e mesmo que a posição da pessoa imponha uma dominância média, o cavalo possui independência e espaço para atos de coragem. Esta posição imita o líder, ou seja, garanhão-alfa, que toca e direciona sua manada por trás. A pessoa nesta posição é convidada a refletir sobre a liderança orientada por tarefas, dentro das organizações reconhecidas pelos líderes que delegam. O participante precisa ter um alto grau de confiança para andar atrás do animal, e acreditar que este caminha na direção desejada e, ao mesmo tempo, está disposto a assumir a responsabilidade e as consequências sobre os atos do cavalo (Büchel, 2009).

Os EquoTreinamentos são indicados para os cargos executivos, que buscam aperfeiçoar suas habilidades e competência na gestão de pessoas, que engloba a unanimidade, a comunicação clara e a liderança autêntica. Por meio das vivências junto ao cavalo é possível descobrir as competências pessoais e assim podem ser sugeridas as mudanças e ações comportamentais necessárias junto com a aquisição de novas aprendizagens, tanto para gestores nos diversos níveis organizacionais, como para proprietários, gestores de projetos e equipes, consultores, jovens executivos, professores, treinadores, *coaches*, entre outros.

As vivências junto ao cavalo devem deixar impressões duradoras, que possibilitam ainda a reflexão dos participantes já de volta ao posto de trabalho. Para maior transferência do aprendido, é fundamental que o que é proposto nas atividades dos EquoTreinamentos corresponda às situações e dificuldades encontradas no trabalho, no grupo e na pessoa. Assim, cada vivência junto ao cavalo é singular, pois a relação homem – cavalo, sempre é única no aqui e agora, em que pouco se pode prever o que vai acontecer durante o processo do ciclo vivencial da aprendizagem.

Naturalmente a pessoa que sabe liderar um cavalo não possui automaticamente uma liderança eficaz e outras competências interpessoais desejadas. Mas o que faz os EquoTreinamentos serem reconhecidos por grandes organizações da Europa e Estados Unidos é o fato de que, junto ao cavalo, é possível, com eficácia e rapidez, a conscientização das competências pessoais e interpessoais a serem desenvolvidas em cada pessoa. É possível observar o grande comprometimento das pessoas durante as atividades junto ao cavalo, maior sensibilidade e disposição à mudança cognitiva e comportamental. Acredita-se que a abordagem dos treinamentos junto ao cavalo quebra com maior facilidade a resistência à mudança e estimula a reflexão a respeito dos sentimentos e atitudes, pois envolve a pessoa como um todo.

Referências

BRASIL – Associação Nacional de Equoterapia – Brasil, Brasília – DF.

Bee, H. (1997). *O Ciclo Vital*. Porto Alegre: Artes Médicas.

Büchel, K. (2009). *Pferdegestützte Führungskräfteseminare*. 1. ed. ©IGEL Verlag GmbH.

Gramiga, M. R. (2007). *Modelo de competências e estão dos talentos*. 2. ed. São Paulo: Pearson Prentice Hall.

Hempfling, K. F (2006). *Mit Pferden tanzen*. 3. ed. Stuttgart, ©Franckh-Kosmos-Verlags-GmbH & Co. KG 1993. (Trabalho original publicado em 2001)

Hendrich, F. (2008). *Horse Sense*. 2. ed. Wien, by ©Amalthea Signum Verlag GmbH. (Trabalho original publicado em 2003)

Hesse, U (2009). *Décimo primeiro Curso Avançado de Equoterapia*. ANDE-BRASIL – Associação Nacional de Equoterapia – Brasil, Brasília – DF.

Hesse, U (2009). Homem-Cavalo: Uma relação sensível. *Revista Brasileira de Equoterapia*, 19. ANDE-BRASIL, Brasília, DF.

Lampert, S. (2005). *Führen lernenn – Persönlichkeitsentwichlung in Führungsverhalten mittels eines pferdegestützten Trainings*. Norderstedt – GRIN Verlag.

Larousse (2006). *Dos Cavalos*. 1. ed. São Paulo: Larhouse do Brasil.

Marins, A. (2009). *Horsemanship e a Natureza dos cavalos*. Curso de Horsemanship e comportamento Natural dos cavalos, realizado na Universidade do Cavalo, Sorocaba – SP.

Moscovici, F. (2008). *Desenvolvimento interpessoal: Treinamento em Grupo*. 17. ed. Rio de Janeiro: Editora José Olympio Ltda.

Roberts, M. (2002). *Violência não é a resposta*. Rio de Janeiro: Editora Bertrand Brasil Ltda.

Osterhamel, B. (2006). *Pferdeflüstern für Manager*. Weinheim – WILEY-VCH Verlag GmbH & Co.KGaA.

Olbrich, E., & Otterstedt, C (2003). *Menschen brauchen Tiere*. Stuttgart, © Franckh-Kosmos Verlas GmbH & Co.

Witter, R. F (2001). *Horse Power*. Cham – Suíça © by Müller Rüschlikon Verlag AG.

Gama, M. C. S. S. (1998). *A Teoria das Inteligências Múltiplas e suas implicações para Educação*. Recuperado em 20 de fevereiro de 2011, de http://www.homemdemello.com.br/psicologia/intelmult.html.

Travasso, L. C. P. (2001). *Inteligências Múltiplas*. Recuperado em 20 de fevereiro de 2012, de http://eduep.uepb.edu.br/rbct/sumarios/pdf/inteligencias_multiplas.pdf.

Sobre os autores

Gisele Aparecida da Silva Alves é psicóloga e mestre em Psicologia com ênfase em Avaliação Psicológica pela Universidade São Francisco (USF). Pesquisadora do Departamento de Pesquisa e Produção de Testes da Editora Casa do Psicólogo. E-mail: gisele@casadopsicologo.com.br

Graciela Vinocur é psicóloga formada pela Universidad de Buenos Aires e especialista em Recursos Humanos. Foi docente na Universidad de Buenos Aires, na qual participou da criação e implementação de diversos programas de capacitação ministrados no quadro de convênios realizados com a comunidade. Como consultora, tem liderado numerosos processos de seleção de pessoal. Foi diretora da Divisão de Avaliações Psicológicas da Voyer International por doze anos e, atualmente, é diretora de Taligens Latin America. E-mail: gvinocur@taligens.com ou gracielavinocur@yahoo.com.ar

Irene F. Almeida de Sá Leme é psicóloga, especialista em Gerência e Administração de Recursos Humanos pela Fundação Getulio Vargas (FGV/SP). Docente das disciplinas Psicologia e Ética. Pesquisadora do Departamento de Pesquisa e Produção de Testes da Editora Casa do Psicólogo. E-mail: irene@casadopsicologo.com.br

Ivan Sant'Ana Rabelo é psicólogo, mestre em Avaliação Psicológica pela Universidade São Francisco (USF) e doutorando em Psicologia do Esporte pela Universidade de São Paulo. Pesquisador do Departamento de Pesquisas e Produção de Testes da Editora Casa do Psicólogo. E-mail: ivan@casadopsicologo.com.br

Lucila Moraes Cardoso é graduada, mestre e doutora em Psicologia com ênfase em Avaliação Psicológica pela Universidade São

Francisco (USF). É docente no Centro Universitário Nossa Senhora do Patrocínio e realiza avaliações psicológicas para seleção de executivos na Voyer International. E-mail: lucilamcardoso@yahoo.com.br

Renata da Rocha Campos Franco é psicóloga e doutora em avaliação psicológica pela Universidade São Francisco (USF), com estágio-sanduíche na universidade Picardie Jules Verne, França. Atua na área acadêmica, pesquisando, ministrando cursos e disciplinas ligadas às técnicas projetivas. Trabalha na área organizacional, realizando avaliações psicológicas destinadas a seleção de profissionais de cargos executivos. Atualmente, desenvolve uma pesquisa de pós-doutorado também na área da Avaliação Psicológica, na França, com financiamento da Fondation Maison des Sciences de l'homme (boursiers Hermès). E-mail: fran_re@yahoo.com.br

Roberto Vola-Luhrs é graduado em Recursos Humanos pela Universidade de Buenos Aires e doutor em Ciências Políticas. É professor nas universidad argentina de la empresa (UADE), universidad catolica argentina (UCA), universidad del Salvador (USAL), universidad gabriel rene moreno (UNGRM) da Argentina e de outros países. É coautor do livro "Recursos Humanos para os especialistas" e autor do livro "O que sobra é talento", tem diversas publicações e contribuições apresentadas em seminários e congressos tanto na Argentina como no exterior. Colaborou com a criação de um programa de TV abordando a temática da gestão de Recursos Humanos, além de ser também um dos convidados especiais. Presidente da Voyer Group. E-mail: vola-luhrs@voyerinternational.com.br

Rodolfo Augusto Matteo Ambiel é psicólogo, mestre em Psicologia com foco em Avaliação Psicológica pela Universidade São Francisco (USF) e docente do curso de graduação em Psicologia da USF. Integrante do Departamento de Pesquisa e Produção de Testes da Editora Casa do Psicólogo. E-mail: ambielram@gmail.com

Sara Isabel Behmer é psicóloga e mestre em Administração pela Pontifícia Universidade Católica de São Paulo (PUC-SP), defendendo uma dissertação sobre Liderança Visionária. Tem atuado como professora nos cursos de pós-graduação em universidades nacionais. Foi vice-presidente de Recursos Humanos da Avon Brasil, e já conquistou vários prêmios em reconhecimento ao seu trabalho de recursos humanos como: TOP de RH, Prêmio Ser Humano, Destaque de RH, e Prêmio Nacional da Qualidade de Vida. E-mail: sbehmer@voyerinternational.com.br

Sílvia Verônica Pacanaro é psicóloga e mestre em Avaliação Psicológica pela Universidade São Francisco (USF). Especialista em Educação e Psicopedagogia pela Pontifícia Universidade Católica de Campinas (PUCCAMP). Pesquisadora do Departamento de Pesquisas e Produção de Testes da Editora Casa do Psicólogo. E-mail: silvia@casadopsicologo.com.br

Ute Hesse é psicóloga, mestranda em Psicologia na Universidade São Francisco, com especialização em equoterapia pela Associação Nacional de Equoterapia (ANDE-BRASIL) e cursos no exterior. É docente dos cursos avançados e de aprimoramento técnico em Equoterapia da ANDE-BRASIL. É presidente da EQUOHESSE, empresa que presta serviços na área educacional com enfoque em treinamentos corporativos utilizando o cavalo como principal agente na promoção do desenvolvimento pessoal. E-mail: contato@equohesse.com.br.

Vanessa Frigatto é psicóloga organizacional com experiências nas áreas de recrutamento e seleção e T&D de diversas empresas multinacionais nos ramos comercial, alimentício e automotivo. E-mail: frigatto@honda.com.br

Impresso por :

gráfica e editora

Tel.:11 2769-9056